BLÜTEN
& BLÄTTER
Ein Dekorationsbuch

MALCOLM HILLIER
FOTOS VON STEPHEN HAYWARD

DORLING KINDERSLEY

LONDON, NEW YORK, MUNICH, MELBOURNE, DELHI

Redaktion • *May Corfield, Jennifer Lane*

Gestaltung • *Mason Linklater*

Cheflektorat • *Gillian Roberts*

Bildredaktion • *Karen Sawyer*

Programmleitung • *Mary-Clare Jerram*

DTP Design • *Sonia Charbonnier, Louise Waller*

Herstellung • *Joanna Bull*

Die Deutsche Bibliothek – CIP-Einheitsaufnahme

Ein Titeldatensatz für diese Publikation ist bei
Der Deutschen Bibliothek erhältlich.

Titel der englischen Originalausgabe:
Flowers for the home

© Dorling Kindersley Limited, London, 2000, 2002
Ein Unternehmen der Penguin-Gruppe
© Text: Malcolm Hillier 2000, 2002

© der deutschsprachigen Ausgabe by
Dorling Kindersley Verlag GmbH, München, 2002
Alle deutschsprachigen Rechte vorbehalten

Übersetzung Christiane Gsänger, Toni Neuner
Redaktion Renate Weinberger

ISBN 3-8310-0370-X

Printed and bound by Mohndruck, Germany

Besuchen Sie uns im Internet
www.dk.com

INHALT

Über 70 wunderschöne und
phantasievolle Ideen für jeden Platz,
jede Jahreszeit und jede Gelegenheit.

Ein Blumenarrangement gelingt, wenn man allen Elementen Beachtung schenkt: An erster Stelle stehen selbstverständlich Farbe, Form und Duft der Blüten und Blätter. Genauso wichtig

GESTALTUNGS-ELEMENTE

sind aber auch die Gefäße, in denen die Pflanzen arrangiert werden. Das Arrangement sollte insgesamt gefällig und natürlich wirken und für all unsere Sinne ein Genuss sein.

FARBEN

DAS AUFFÄLLIGSTE MERKMAL der Blumen sind meist
ihre Farben. Sie wirken sich am stärksten auf den Gesamt-
eindruck aus, wobei die einzelne Farbe sowie die verschiedenen Farbkombinationen unterschiedliche
Emotionen und Eindrücke auslösen. Um diesen
Zusammenhang zu verstehen, sollte man ein
wenig die Farbenlehre kennen. Sie erklärt z. B.
wie die Farben aufeinander wirken. Verdeut-
licht wird dies anhand des Farbkreises
(*rechts*), der in primäre, sekundäre und
tertiäre Farben eingeteilt ist.

PRIMÄR- ODER GRUNDFARBEN

Rot, Blau und Gelb sind die Grundfarben, die
nicht aus anderen Farben gemischt werden können. Die übrigen Farben des Spektrums entstehen, indem man Grundfarben mischt und
Schwarz oder Weiß hinzufügt. Für sekundäre Farben mischt man zwei Grundfarben. Im Farbkreis
liegen die sekundären Farben immer der jeweils
dritten (ungenutzten) Grundfarbe gegenüber (Grün
aus Blau und Gelb, gegenüber Rot).

Rot   Gelb   Blau

tertiär

sekundär

tertiär

primär

tertiär

sekundär

SEKUNDÄRE FARBEN

Grün, Orange und Violett sind die drei sekundären Farben in diesem Farbkreis. Sie entstehen jeweils aus zwei Grundfarben: Blau und Gelb ergibt Grün, Rot und Gelb ergibt Orange, aus der Mischung von Rot und Blau wird Violett. Farben, die sich auf dem Farbkreis gegenüberliegen – z. B. Blau und Orange oder Gelb und Violett – nennt man Komplementärfarben. Sie verstärken sich gegenseitig, wenn man sie gemeinsam verwendet. Kombinationen mit Komplementärfarben sind aufregend, spannungsreich und ergeben atemberaubende Effekte.

primär

tertiär

sekundär

tertiär

primär

tertiär

Orange

Grün

Violett

TERTIÄRE FARBEN

Türkis, Indigo, Purpur, Scharlachrot, Gold und Hellgrün sind tertiäre Farben. Sie entstehen, wenn man die Grundfarbe und die sekundäre Farbe, von denen sie im Farbkreis flankiert werden, vermischt, das heißt, Türkis entsteht aus Blau und Grün, Indigo besteht aus Violett und Blau, Rot und Gelb ergibt Gold. Auf der rechten Seite des Farbkreises liegen die warmen Farben, auf der linken die kühlen oder kalten. Fügt man einer Farbe Weiß hinzu, wird sie heller, nimmt man Schwarz, wird sie dunkler. Auf diese Weise lässt sich schrittweise eine riesige große Skala von hellen und dunklen Farbtönen erzielen.

Türkis

Indigo

Purpur

Scharlachrot

Gold

Hellgrün

WIE FARBEN WIRKEN

Wenn man die Wirkung der Farben kennt, ist es leicht, die passenden Blumen auszusuchen, um ein Arrangement harmonisch zu gestalten und ihm einen bestimmten Stil oder eine bestimmte Wirkung zu verleihen. Ob satte Farben oder zarte Tönungen, mit allen lassen sich Effekte von elegant bis rustikal oder von dynamisch bis ruhig kreieren.

Kraftvolles Rot

Die ausdrucksstärkste Farbe im Spektrum ist Rot. Satt und kräftig leuchtend bildet sie immer einen Blickfang und weckt starke Emotionen. Sie gilt als Symbol der Liebe und Leidenschaft, aber auch des Kampfes und der Gefahr. Einerseits kann sie warm und positiv wirken, andererseits aggressiv und bedrohlich.

Warmes Gelb

Gelb liegt Weiß am nächsten, daher ist es die hellste Farbe. Rein und frisch vermittelt es Gefühle des Glücks und der Sicherheit. Diese warme Farbe erinnert an den Frühling und Sommer. Klar und leuchtend springt sie ins Auge. Es ist die am einfachsten zu verwendende Farbe und sie fügt sich gut in Arrangements ein.

Ruhiges Blau

Reines Blau ist eine kalte Farbe und kommt selten bei Blumen vor. Meist tendiert das Blau der Blüten nach Rot oder Grün. Blau wirkt ruhig, distanziert und erhaben, kann aber in Verbindung mit intensiven Farben, z. B. Rot, gedämpft und trist aussehen.

Leuchtendes Orange

Orange gehört zu den warmen Farbtönen. Es ist die Farbe des Herbstes und der Glut des Feuers. Helles Orange wirkt sonnig und freundlich. Die dunkleren Orangetöne dagegen machen eher einen schwermütigen Eindruck und bringen andere Farben, vor allem Purpur und Violett, nicht so gut zur Geltung.

Beruhigendes Grün

Grün ist die ruhigste Farbe. Sie wirkt kühlend, beruhigend, sanft und erfrischend und ist die natürliche Kontrastfarbe zu Rot auf dem Farbkreis. Sie bildet die häufigste Farbe in Blumen-Arrangements und harmoniert mit allen anderen Farbtönen.

Zurückhaltendes Violett

Violett liegt am dunklen Ende der Farbskala. Es ist eine sehr zwiespältige Farbe, in der Rätselhaftigkeit, Zurückhaltung, Düsternis und eine geheimnisvolle Schönheit stecken. Sie harmoniert mit Nachbarfarben, leuchtet aber nur in Verbindung mit Gelb.

KOMPLEMENTÄRFARBEN

Farben zu kombinieren ist ein aufregender Prozess. Auf jeden Fall spannungsreich und häufig atemberaubend dynamisch wirken die Kombinationen mit den Farben, die sich auf dem Farbkreis gegenüberliegen. Das sind z. B. eine Primär- und eine Sekundärfarbe wie Rot und Grün oder zwei Tertiärfarben, z. B. Hellgrün und Purpur. Mit solchen Farben lassen sich erstaunliche Effekte und Kontraste ganz unterschiedlicher Art erzielen. Wenn man beispielsweise für ein Arrangement eine kleine Menge der einen Komplementärfarbe mit einer großen Menge der anderen kombiniert, erhält der Farbtupfer mehr Intensität. Das verleiht dem Ganzen stärkere Ausdruckskraft.

Rot und Grün

Glühendes Rot gegen kühles, frisches, ruhiges Grün gesetzt, ergibt ein spannungsreiches Paar. Diese Kombination kommt häufig im Garten vor, wo das grüne Laub der Pflanzen allerdings das Feuer der roten Blüten sofort harmonisiert.

Blau und Orange

Den dynamischsten Gegensatz bilden wahrscheinlich die gegenüberliegenden Farben Orange und Blau. Obwohl es reines Blau in der Pflanzenwelt kaum gibt, spricht man landläufig von blauen Blumen, wenn es um die vielen Blautöne geht. Lila und Mauve wirken ganz besonders kühl, erhalten aber durch Orange eine auffallende Lebendigkeit. Und setzt man nur wenig Orange zwischen sehr viel Blau erhöht sich die Leuchtkraft von Orange um ein Vielfaches.

Gelb und Violett

Die Primärfarbe ist die fröhlichste Farbe. Mit ihr beginnt die warmtonige Hälfte des Farbkreises. Violett dagegen wirkt sehr ernster und zurückhaltender, manchmal sogar düster. Kombiniert man diese beiden Farben, wird das Gelb noch sehr viel strahlender und bei Violett scheinen die Lebensgeister förmlich zu erwachen. Dies ist auch in der Kombination mit hellgrünen, zum Gelb tendierenden Blättern und Blüten der Fall.

tertiär · *Primär* · *sekundär* · *tertiär* · *sekundär* · *tertiär* · *Primär* · *sekundär* · *tertiär* · *tertiär* · *Primär*

Kontrastierend: Rot & Grün

Kontrastierend: Blau & Orange

Kontrastierend: Violett & Gelb

HARMONIE UND LEICHTE KONTRASTE

Ob Farbkombinationen eine harmonische Ausstrahlung besitzen, hängt von der Farbwahl und dem Mengenverhältnis ab. Die beste Harmonie erzielt man mit Nachbarfarben, das sind die Farben, die im Farbkreis aufeinander folgen. Je weiter die Farben voneinander entfernt liegen, desto mehr Kontrast entsteht. Je kontrastreicher, umso unruhiger kann der Eindruck sein. Der Anteil der einzelnen Farben in einer Kombination hat ebenfalls Einfluss auf die Gesamtwirkung, wobei das allgegenwärtige Grün und die Strahlkraft der Farbtöne eine gewichtige Rolle spielen.

Nachbarfarben

Verwendet man Farbtöne, die auf dem Farbkreis direkt nebeneinander liegen, erhält man immer ein reizvolles, harmonisches Arrangement. Beispielsweise Scharlachrot – eine Tertiärfarbe – mit dem davor liegenden Rot oder mit dem direkt folgenden Orange ergibt eine hübsche farbintensive Mischung. Obwohl diese Farbtöne in gleicher Weise intensiv zu sein scheinen, sehen sie sehr ansprechend aus, genauso wie z. B. die Kombinationen Orange und Gelb, Gelb und Grün, Türkis und Blau.

Starker Kontrast: Rot & Blau

Weicher Kontrast: Hellgrün & Pfirsich

Kontrastarm: Scharlachrot & Purpur

Weiche Kontraste

Mit Farben, die auf dem Farbkreis nahe beieinander, aber nicht unmittelbar benachbart sind, lassen sich eine ganze Reihe weicher Kontraste schaffen. Solche Kombinationen bergen viel Spannung in sich, erscheinen aber dennoch harmonisch. Besonders gut gelingen sie beispielsweise, wenn man die wärmeren mit den kühleren Farben, die beidseits vom warmen Hellgrün und kühlen Purpur liegen, kombiniert. Geschickte Farbwahl und der richtige Farbanteil erhöhen die Wirkung einer jeden Blume.

Effektvolle Kontraste

Die Farben, die auf dem Farbkreis drei oder vier Plätze voneinander entfernt liegen, ergeben ausgesprochen wirkungsvolle Blumen-Arrangements. Mit solchen Kombinationen, die meist zwei oder alle drei Primärfarben umfassen, geht man kaum ein Risiko ein. Zusammenstellungen von Gelb mit Blau, Rot mit Blau oder Rot mit Gelb wirken sehr markant. Um die kräftige Wirkung zu dämpfen, fügt man hellere oder dunklere Sekundär- oder Tertiärfarben ein, z. B. Pink oder Pfirsich.

Harmonisch: Orange & Gelb

Mäßiger Kontrast: Purpur & Grün

Harmonisch: Orange, Creme & Gelb

UNTERSCHIEDLICHE HINTERGRÜNDE

Es gibt keine festen Regeln, welche Farben einander am besten ergänzen, nur allgemeine Richtlinien, die helfen, interessante und dynamische Wirkungen zu erzielen. Wie stark eine Farbe durch eine andere Kombination ihre Ausstrahlung verändern kann, zeigt dieses harmonische Arrangement, das Sie hier vor fünf verschiedenen Hintergründen sehen. Die Kraft und der Einfluss von Farben lässt sich klar erkennen. Mohn, Prärieenzian und Goldrute in Gelbtönen stehen in einer einfachen Glasvase.

BLAU, eine Primärfarbe, hebt Gelb (eine andere Primärfarbe) erstaunlich gut hervor. Die Blüten stehen klar und frisch vor diesem Hintergrund, das grüne, ins Blau tendierende Laub dagegen wirkt gedämpft.

GRÜN gilt als harmonisierende Farbe. Vor einem dunkleren Grün würden nur die Blumen leuchten und das Laub wäre fast verschwunden. Vor diesem hellen Ton wirken die goldgelben Blüten noch stark.

GELB ist eine kräftige Farbe, die von blasseren Tönen ablenken kann. Obwohl dieser gelbe Hintergrund für das Auge angenehm ist, wirken Blumen, die ebenfalls gelb sind, konturlos und verschwinden fast.

NEUTRAL – dieses gebrochene Weiß liegt nahe bei Gelb, doch weil es so blass ist, harmoniert es gut mit den Blumen und lässt sie zur Geltung kommen. Die grünen Blätter werden fast eins mit der neutralen Wand.

ROT mit seinen intensiven dunklen Tönen hebt Blumen und Laub dramatisch hervor. Hier haben die Komplementärfarben Grün und Rot die stärkste Wirkung, während die gelben Blüten nur hell strahlen.

FARBEN ZUSAMMENSTELLEN

Ganz gleich, welche zwei Farben Sie kombinieren, sie wirken aufeinander. Harmonie oder Kontrast werden sofort deutlich. Hier ist ein Arrangement aus purpurfarbenen und violetten Anemonen, burgunderfarbenen Ranunkeln und rosavioletten Prachtscharten im Glasgefäß vor den fünf Hintergründen der vorangegangenen Seiten gezeigt. Die Wirkung dieser Kreation ist jedoch vollkommen anders.

BLAU liegt im Farbkreis nahe bei Purpur und Violett. Deshalb harmonieren die Blumen in der Vase mit dem blauen Hintergrund. Allerdings verlieren die Blumen dabei ihre individuelle Kraft und Klarheit.

GRÜN liegt im Farbkreis weit genug von Purpur entfernt, um einen wirkungsvollen Kontrast zu diesen Blumen zu bilden. Dadurch wirken die Blüten satter, während das Laub der Anemonen fast verblasst.

ROT ist eng verwandt mit vielen der Purpur- und Violetttöne dieses Arrangements. Vor allem die Anemonen verschwinden deshalb fast im Hintergrund, während das grüne Laub förmlich herausspringt.

NEUTRALE Töne sind für intensive Farben am besten, denn sie schaffen einen wirkungsvollen Kontrast zu Blüten und Laub. Die Helligkeit des Hintergrunds lässt die Blüten größer und farbiger scheinen.

GELB liegt im Farbkreis Violett genau gegenüber und ergibt somit den wirksamsten Kontrast. Die gelbe Wand lässt daher das Arrangement mit seinen Violetttönen am stärksten und üppigsten erscheinen.

GEFÄSS-FORMEN

DIE FORM DES GEFÄSSES spielt bei jedem Blumen-
arrangement eine gewichtige Rolle. Die vorhandene
Vielfalt an Gefäßen verschafft viel Spielraum beim
Blumenkauf, was Menge, Größe und Art der Blumen
und Blätter betrifft. Stil des Gefäßes und der Durchmesser des Gefäßhalses haben Einfluss auf das Aussehen des fertigen Arrangements. Neben der Form
muss man auch auf die Farbe und Verzierungen eines
Gefäßes achten. Arrangement und Gefäß sollten stets
eine harmonische Einheit bilden.

Trompetenförmige Vase

Große rechteckige Vase

Rundes »Goldfischglas«

Geschwungene Vase

Kleine Kugelvase

AUSWAHL DER FORM

Die Auswahl an Gefäßen ist riesig, da gibt es ganz flache Schalen,
hohe Zylinder, klassische Urnenformen, dazu alle möglichen
Vasenformen – vom kugeligen »Goldfischglas« über trompeten-
förmige Vasen bis hin zu rechteckigen »Aquarien«. Auch bei den
Materialien kann man unter vielen schönen und phantasievollen
Varianten wählen. Manche Gefäß-Formen eignen sich fürs Blumen-
arrangieren besser als andere. Für Blumensträuße lässt sich jedes
Gefäß, in dem Pflanzenstängel auf ansprechende Weise arrangiert

werden können, verwenden. In trompetenförmigen und zylindrischen
Vasen gelingt dies problemlos, weil die Stängel darin sicheren Halt
finden – wie Bleistifte in einem Becher.

Schwieriger ist es, Blumen in einem kugeligen Gefäß mit sehr
weiter Öffnung, z. B. in einem »Goldfischglas«, anzuordnen, vor
allem wenn die Blütenköpfe schwer sind. Die Stängel können sich
dann so weit nach außen neigen, dass sie fast waagerecht liegen
und ihre Enden nicht mehr im Wasser stehen. Bei Vasen mit enger
Öffnung ist die Menge der Pflanzen verständlicherweise von vorn-

Höhe zylindrische Vase

Vase mit engem Hals

Flache gestielte Schale

Quadratische Vase

Verengte Vase mit weiter Öffnung

herein beschränkt. Was auch Vorteile hat, z. B. wenn man nur wenige Blumen kaufen will oder Reste verwerten möchte.

Will man Pflanzenstängel in flache Schalen oder rechteckige Gefäße arrangieren, kommt man meist nicht ohne Hilfsmittel aus, es sei denn, man lässt nur die Blütenköpfe auf dem Wasser treiben. Bei solchen Gefäßen muss man wenigstens den ersten Stängeln sicheren Halt verschaffen. Dafür eignen sich nicht nur die handelsüblichen Blumensteckmassen und Pinholder, sondern auch kleine, farbige Glaskugeln oder bunte Murmeln oder Drahtgeflecht. Ver-

wendet man Steckmasse in Gefäßen aus klarem Glas, sieht es schöner aus, wenn man die Gefäßwände mit Moos auskleidet. Es wird durch die Steckmasse an seinem Platz gehalten.

Als Grundausstattung für den Alltag reichen vier unterschiedliche Vasen. Praktisch sind: eine zylindrische Vase mit einer Höhe von 23 cm, eine kleine enghalsige rechteckige Vase mit den Maßen 20 × 20 cm (Höhe × Breite) und einem Halsdurchmesser von 8 cm, eine trompetenförmige Vase (Höhe 18 cm) und eine etwas größere Schale, in der mehrere Blüten schwimmen können.

FORM DES UMRISSES

FESTE REGELN FÜR DEN UMRISS eines Arrangements gibt es nicht, sofern man sich nicht auf einen floristischen Stil, z. B. formal-linear, festlegt. Jeder Umriss, der in sich harmonisch wirkt, ist möglich, so lange das Arrangement weder überladen noch ungeordnet aussieht. Einige wenige Grundregeln sollte man aber beachten: Die Blumen sollten nicht mehr als zweimal so hoch wie die Vase sein. Überlegen Sie sich, ob das Arrangement in einer eleganten oder eher legeren Umgebung seinen Platz finden wird. Und achten Sie darauf, dass es niemandem im Weg steht bzw. auf einem Esstisch niemandem die Sicht versperrt.

DER DREIDIMENSIONALE ASPEKT

Ein Blumen-Arrangement sollte immer in sich abgerundet und ausgewogen wirken. Das heißt zwar nicht, dass ein Arrangement immer von hinten so gut aussehen muss wie von vorne (das würde mehr Pflanzenmaterial und mehr Kosten bedeuten), doch es sollte von jeder Stelle aus, von der man es sehen kann, gut wirken. Es sollte den Eindruck vermitteln, dass die Rückseite genau so schön ist wie die Vorderseite. Dies erreicht man, wenn man dem Arrangement eine dreidimensionale Wirkung gibt, selbst wenn es flach gestaltet vor einer Wand steht. Ordnen Sie die Blumen so, dass sie nicht nur nach vorne ragen, sondern sich nach hinten, nach oben und zur Seite strecken. So lässt sich der gewünschte »Rundumperfekt-Effekt« erzielen. Achten Sie darauf, dass Ihre Kreation kippsicher im Gefäß steht und Steckmasse, Steckdrähte oder Kaninchendraht gut kaschiert sind.

Kuppelförmiges Arrangement
Die häufigste Form beim Blumenarrangieren erhebt sich rund und fächerförmig aus dem Gefäß. Abhängig vom Aufstellungsort kann das Arrangement mit Schauseite oder rundum gestaltet sein. Die Größe ist so variabel wie die gewählten Blumen. Versuchen Sie weiche, unterbrochene Bögen und natürliche Gruppen mit leicht kontrastierender Blüten und Farben zu schaffen.

Dreieckiges Arrangement
Dreieckige Arrangements reichen von flachen Kreationen mit drei ausgestalteten Seiten – wie das gezeigte, das besonders gut als Tafelaufsatz auf einen Esstisch passen würde – bis zu großen dreieckigen Arrangements mit einer Schauseite, die auch von der Seite noch gute Wirkung zeigen. Diese Art von Arrangement ist schwieriger zu gestalten als ein kuppelförmiges.

Konisches Arrangement

Der Durchmesser des Gefäßhalses ist entscheidend für die Form
eines Arrangements. Eine konische Vase, in der sich Blumen und
Blätter leicht arrangieren lassen, schafft eine attraktive Form. Um
einen gegenläufigen konischen Umriss zu erreichen, sollte das
Arrangement wenigstens zweimal so hoch wie die Vase sein. Dieser
Umriss passt zu Rundum- oder Schauseiten-Arrangements.

Asymmetrisches Arrangement

Eine geneigte, dreieckige Form sieht sehr dekorativ aus, vor allem,
wenn die Stängel durch die Wände einer rechteckigen Glasvase zu
sehen sind. Diese Art von Arrangement wirkt eindimensional
am stärksten, nehmen Sie also eine Vase, die schmal ist, aber den
Strauß sicher hält. In diesem Arrangement sitzt nur eine Blume
tief, aber es sieht von vorne und hinten gleich schön aus.

Niedriges Rundum-Arrangement

In diesem flachen Arrangement sind die Blumen kompakt und
leicht ansteigend angeordnet. Deshalb passt es ausgezeichnet als
Tafelaufsatz auf einen Esstisch. Da solche Arrangements meist von
oben betrachtet werden, müssen sie von allen Seiten gut aussehen
und sollten gleichmäßig gesteckt sein. Um die richtige Wirkung zu
erzielen, verwenden Sie Pflanzen mit klaren Linien.

Rechteckiges Arrangement

Dieses Arrangement soll an einen Blumenkasten erinnern. Verwenden
Sie deshalb ein längliches kastenförmiges Gefäß. Die Blumen werden
senkrecht arrangiert, als wüchsen sie im Gefäß. Diese Art Arrangement
wirkt am besten, wenn sie dreiseitig mit der Andeutung eines Hinter-
grundes gestaltet und vor eine Wand, einen Spiegel oder auf ein
Regal gestellt wird.

STRUKTUREN

STRUKTUR IST ebenso sinnlich wie visuell. Aussehen und Oberfläche verschiedener Pflanzenteile wie Blätter und Blütenblätter, Rinde und Moos, Stiele und Samenkapseln, dazu die Struktur des Gefäßes sind wichtige Elemente eines Blumen-Arrangements. Sind Sie sich der Möglichkeit bewusst, dass sich diese Strukturen kombinieren lassen, können Sie Ihren Arrangements eine Extradimension geben.

GEFÄSSE MIT STRUKTUR

Ob es sich um die ungleichmäßige Struktur grob verflochtener Zweige oder eines Weidenkorbes handelt oder um die glatte, kühle, seidige Oberfläche von Glas, auf jeden Fall beeinflusst die Struktur eines Gefäßes das Gesamtaussehen eines Arrangements. Korb-, Rinden- und raue Terrakotta-Gefäße passen besonders gut zu Samenkapseln, Tannenzapfen und allen Trockenpflanzen. Solche rauen Strukturen wirken auch, wenn Sie gegen die Glattheit von Orchideen oder die samtigen Blütenblätter von Päonien gesetzt werden. Wenn Sie die Vielfalt an Strukturen mischen, erreichen Sie mit Sicherheit sinnlichere Kreationen.

Messing und Kupfer
Obwohl Messing und Kupfer eine glatte Oberfläche haben, sieht und spürt man polierte und stumpfe Flächen sofort. Dazu passen Herbstfarben und Trockenblumen ganz besonders gut.

Galvanisierter Stahl
Dieses Material hat eine kristalline Oberflächenstruktur, die mit dem Alter schöner wird. Die Eimerform der meisten Stahlgefäße ist perfekt für große und kleine frische Blumen-Arrangements.

Glas
Manchmal seidenglatt, manchmal wachsig, sieht Glas immer wirkungsvoll aus. Mit Glasgefäßen kann man kaum etwas falsch machen. Sie sind ideal für Arrangements aus frischen Blumen.

Terrakotta
Wegen der warmen Farbtöne und der rauen Struktur werden Terrakotta-Gefäße gerne gewählt. Obwohl Terrakotta porös ist, ist sie gut zu verwenden, wenn man das Gefäß mit Folie auskleidet.

Geflochtener Bast
Bast, aus den Fasern der *Raphia*-Palme hergestellt, hat eine gekräuselte Struktur, die durch Flechten verstärkt wird. Verwenden Sie den natürlich wirkenden Bast als Band oder Korb für Sträuße.

Geflochtene Zweige
Jeder Zweig in einem geflochtenen Korb hat eine raue Körnung an der Oberfläche seines verholzten Stängels – so kommt Struktur zu Struktur. Die Form des Korbs verstärkt oft diese Strukturen.

STRUKTUREN KOMBINIEREN

Ein Blumen-Arrangement wird faszinierender und aufregender, wenn ungewöhnliche Strukturen kombiniert werden. Das schafft einen besonderen Reiz für das Auge. Wagen Sie extreme Kombinationen: Vereinen Sie zarte, aber spröde Muscheln mit cremefarbenen Blumensträußen, samtige Blütenblätter mit der harten Kälte von Marmor oder Zweige und Tannenzapfen mit matter, patinierter Bronze. Jede Blume besitzt ihre eigene Struktur: die Kerne der Sonnenblume, die wachsigen Kelche von Orchideen, die üppige Weichheit der Rosen- und Päonien-Blütenblätter, die Rauheit von Salbeiblättern oder die Dornen von Ginster.

Ähnliche Strukturen

Die Manschette aus seidigen roten Federn passt in diesem Brautstrauß wunderbar zu üppigen, samtigen scharlachroten Päonien – herrlich zum Anfühlen und schön zum Ansehen.

Kontrastierende Strukturen

Ein poliertes glänzendes Stahlgefäß, einem makellosen Ball ähnlich, das ein Büschel Papyrusblätter wie eine Dornenkrone überragt. Kleine wachsige Beeren fügen eine weitere Struktur hinzu.

Ergänzende Strukturen

Dieser Korb aus geflochtenen Palmblättern hat eine ähnliche Struktur wie die fleischigen Blätter einer Artischocke. Sowohl die Mohnkapseln als auch die Stranddistel nehmen diese Struktur auf.

Jeder braucht Anregungen, um die
eigene Phantasie voll ausschöpfen zu
können. Die Fülle der Blumen-
Arrangements auf den folgenden
Seiten soll dabei helfen.
Blumen für zu Hause, Ostern und
Frühlingstage sowie als Geschenk oder
Tischschmuck können mit ihren

GESTALTUNGS-IDEEN

Farben, Strukturen und Düften jede
Wohnung verwandeln.
Symbole und detaillierte Anleitungen
erleichtern das Gestalten.

✹Jahreszeit   ✹Haltbarkeit

✹✹Schwierigkeitsgrad

VALENTINSHERZEN

FÜR EINEN STRAUSS zum Valentinstag drängen sich die herzförmigen Blüten und Blätter der Flamingoblume (*Anthurium*) auf. Hier stehen in einer Glasvase die rosafarbenen Hochblätter von *Anthurium andraeanum* 'Lunette' sowie die dunkelgrünen Blätter von *Anthurium crystallinum* und *Colocasia esculenta*.

Material

Colocasia esculenta

Anthurium andraeanum 'Lunette'

Anthurium crystallinum

Variante mit *Tiefrot*

Meiner Meinung nach sind die rosafarbenen Flamingoblumen am schönsten, doch hat sich Rot zu der Farbe des Valentinstags entwickelt. Für Leute, die an der Tradition hängen, ist hier eine rote Variante, in der ich *Anthurium andraeanum* 'Tropical' mit seinen tiefroten Hochblättern und grünen Blütenkolben verwendet habe. Das Gesteck wirkt bestechend auf einer Glas-, Stein- oder hellen Holzoberfläche und vor einem Spiegel.

DEN STRAUSS GESTALTEN

• Ein Blatt von *Anthurium crystallinum* und
ein Hochblatt von *Anthurium andraeanum
'Lunette'* in die wassergefüllte Glasvase
tauchen. Unter Wasser halten sie zwar nur
drei bis vier Tage, aber sie verleihen dem
Strauß einen besonderen Pfiff.

• Die Spitze des großen grünen Blattes
von *Colocasia esculenta* in die Öffnung
der Vase zwirbeln. An der Rückseite des
Straußes reicht der Stängel bis ins Wasser.

• Die herzförmigen Blätter und Blüten
lose asymmetrisch in die Vase ordnen.
Da sich die Hochblätter immer umdrehen
wollen, sollte man ihre Stiele schräg stellen
und etwas verschränken – die Pflanzenwelt
hat kein Herz für den Valentinstag.

• Nach drei bis vier Tagen das unterge-
tauchte Blatt und Hochblatt entfernen
und frisches Wasser in die Vase füllen.
Der Strauß hält dann noch etwa zehn Tage.

FRÜHLINGSGELB

FRÜHLING EINMAL EXOTISCH mit Callas (*Zantedeschia*), Kaiserkronen (*Fritillaria*), Levkojen (*Matthiola*), Hammerstrauch (*Cestrum*) und der Sandersonia, einer zarten südafrikanischen Blume, die im Sommer blüht, aber das ganze Jahr über im Blumenhandel erhältlich ist. Diese Mischung bildet hier ein üppiges Arrangement, das gut auf einen Beistelltisch oder den Fußboden gestellt werden kann.

Variante mit *Quitte*

Einige hinzugefügte Zweige der Zierquitte (*Chaenomeles*) verändern die Gewichtung der Farben. Obwohl nur wenig Rot dazugegeben wurde, wirkt das Arrangement wesentlich wärmer. Es lohnt sich immer mit Kombinationen zu experimentieren – die Ergebnisse sind oft angenehme Überraschungen.

MATERIAL VORBEREITEN

● Alle unteren Blätter der Kaiserkronen entfernen, da sie im Wasser schnell faulen und damit den übrigen Blumen schaden.
● Möglichst täglich das Wasser wechseln, da die Stiele der Levkojen und Kaiserkronen leicht faulen. Geben Sie immer ein paar Tropfen Frischhaltemittel ins Wasser,

um die Blumen möglichst lange gegen Bakterien zu schützen.
● Dieses Arrangement sollten Sie nicht in der Nähe von Sitzplätzen aufstellen, da Kaiserkronen etwas unangenehm riechen, allerdings nicht so stark, dass man sie aus Arrangements ausschließen müsste.

Material

Fritillaria imperialis

Zantedeschia 'Aztec Gold'

Sandersonia aurantiaca

Cestrum diurnum

Matthiola incana

ORIENTALISCHE NIESWURZ

DIE SCHÖNEN NICKENDEN Blüten der Nieswurz *(Helleborus orientalis)* beleben die dunklen Tage im Spätwinter. Die Gartenhybriden sehen im Garten herrlich aus, doch ihre erstaunlichen Farben und Zeichnungen kommen am besten zur Geltung, wenn sie in einer glänzenden Schale treiben. Mit kurz geschnittenen Stielen erfreuen sie eine Woche.

HELLEBORUS VERWENDEN

• Die Hybriden der Orientalischen Nieswurz (auch Lenten Rose genannt) gibt es in vielen Farben. Alle blühen von Mitte des Winters bis Mitte des Frühjahrs.

• Nieswurz und die anderen verwandten Arten, wie die Christrose (*Helleborus niger*), welken schnell, wenn ihre Blüten auf dem langen Stiel bleiben. Drei oder vier Tage halten sie, wenn man vor dem Arrangieren die Stiele in lauwarmes Wasser taucht und knapp unterhalb der Blüte mit einer Nadel mehrmals durchsticht.

• Etwa eine Woche halten die Blumen, wenn man den Stiel ganz kurz schneidet, (auf eine Länge von nicht mehr als 1 cm) und die Blüten im Wasser treiben lässt.

• Bei einigen Blüten, die Blätter oder das Blatt, die nahe der Blüte wachsen, stehen lassen. Das schöne helle Grün belebt das schwimmende Arrangement.

• Warnung: Alle Teile der Nieswurz sind leicht giftig und der Saft, der aus den Stielen austritt, kann die Haut reizen.

• Regelmäßig Wasser nachfüllen.

Material

Helleborus orientalis (Hybride)

Helleborus orientalis (Hybride)

Helleborus orientalis (Hybride)

Helleborus orientalis (Hybride)

Variante mit *Hyazinthen und Forsythien*

Das Arrangement (*s. rechts*) mit den cremefarbenen Blüten wirkt edel und elegant. Die dunklen Blüten, die das wenige Purpur der hellen aufnehmen, unterstreichen diese Wirkung nur noch. Frischer und fröhlicher sieht das Arrangement aus, wenn man den hellen Nieswurz-Blüten die frischen Frühlingsfarben Gelb und Blau zugesellt, z. B. einzelne Hyazinthenblütchen in Delfter Blau und einige der leuchtend gelben Forsythienblüten.

KREATIVE VERPACKUNG

DIE VERPACKUNGSKUNST JAPANS stand Pate bei dieser Idee: Vasen werden so eingewickelt, dass das Papier eine Manschette um die Blumen bildet. Ich denke, am schönsten sieht weißes, strukturiertes Papier aus, vielleicht mit Gräsern darin. Sie können aber jedes Papier verwenden. Zu handgeschöpftem oder Seidenpapier passt ein hübsches Band, zu Packpapier eine rustikale Schnur. Diese Kreationen sind ein perfekter Tischschmuck – einzelne Blüten in kleinen zylindrischen Gläsern an jedem Platz und ein größeres Arrangement für die Tischmitte.

Material

Rosa 'Candy Bernice'

Rosa 'Hollywood'

Rosa 'Golden Gate'

VERPACKEN DER GLÄSER

- Am besten eignen sich kleine Gläser mit einem dicken, schweren Boden, da sie am sichersten stehen.
- Wählen Sie Papier, das zu den Blumen und den Gläsern passt. Für kleine Gläser ist geschmeidiges Papier günstiger.
- Aus dem Papier Quadrate schneiden oder reißen – Seitenlänge etwa viermal die Höhe des Glases. Gerissene Kanten sehen meist am besten aus.

Variante mit *Licht*

Für eine komplette Tischdekoration können Sie auch eine Lampe machen. Dazu ein Goldfischglas mit einem Teelicht ins gleiche Papier wickeln. Schnur oder Band direkt unter dem Rand binden und das Papier von der Flamme weg nach außen ziehen. Zum Anzünden ein langes Zündholz verwenden. Brennende Kerzen niemals unbeaufsichtigt lassen!

- Das Glas in die Mitte des Papierquadrats stellen und das Papier nach oben schlagen. Das Papier am Glasrand in Falten legen. Am Boden muss es flach anliegen.
- Schnur oder das Band knapp oberhalb des Glasrandes herumbinden, damit die Bindung nicht herunterrutschen kann. Das Papier leicht nach außen ziehen.

- Damit das Papier nicht nass wird, zum Wassereinfüllen einen Trichter verwenden.
- Durch die Kürze der Blumenstiele hält so ein Arrangement recht lange. Die eingepackten Vasen sind eine gute Verwertungsmöglichkeit für abgebrochene Blüten oder Blumen, die von anderen Sträußen und Gestecken übrig geblieben sind.

Variante mit *Mohn*

Eine lebhaftere Wirkung hat Mohn, wie hier der leuchtendrote *Papaver orientale* 'Beauty of Livermere'. Seine papiernen Blütenblätter passen gut zu einem gedeckten Tisch. Sie können auch in jedes verpackte Glas eine andersfarbige Blüte geben. Alle Mohnstiele müssen, nacdem sie auf Länge geschnitten wurden, mit heißem Wasser behandelt werden (*s. S. 178*). Dann halten sie einige Tage.

ROSENBLÜTEN-COCKTAILS

EIN FESTLICHER Tischschmuck sind diese Cocktailgläser, die mit Rosen-Blütenblättern gefüllt sind und neben die Weingläser gestellt werden. Ich mag es, wenn jeder »Rosen-Cocktail« anders aussieht, doch man kann auch in alle Gläser gleichfarbige Blätter geben. Als duftige Krönung dieser einfachen, aber wirkungsvollen Dekoration setzen Sie hellgrüne Blüten des Frauenmantels *(Alchemilla mollis)* darauf.

Rosa 'Enigma'

Rosa 'Vicky Brown'

Rosa 'Valerie'

Rosa 'Anne Marie'

Alchemilla mollis

Schwarze Olive

DIE GLÄSER FÜLLEN

• Zupfen Sie genügend Blütenblätter ab,
um die Cocktail-Gläser randvoll zu füllen.
Die Blätter in die Gläser geben – ungeordnet oder fein säuberlich in Blütenform.
• Nach Belieben ein silbernes Spießchen
mit einer schwarzen Olive einstecken.
• Diese Blütenblatt-Cocktails können Sie
am Vortag vorbereiten und in den Kühl-
schrank stellen. Nach dem Herausnehmen
halten sie nur ein paar Stunden.
• Statt Frauenmantel können Sie Schleierkraut als duftigen Abschluss verwenden.
• Streuen Sie einige Rosen-Blütenblätter
über den Salat. Sie schmecken so gut,
wie sie aussehen, müssen allerdings vorher
– wie jeder Salat – gut gewaschen werden.
Andere essbare Blüten sind im Sommer
Kapuzinerkresse und Borretsch, im Frühling die Blüten von Apfel, Kirsche und
Birne sowie Primeln und Veilchen.

NOCTURNE IN BRAUN

EIN ARRANGEMENT wird manchmal von den Blumen inspiriert, mitunter aber auch vom Gefäß. Dieser dunkelbraune Krug mit seinem nostalgischen Rosenmuster schreit förmlich nach einem ausdrucksstarken Arrangement. Das Grün und Schwarz der Kängurupfote (*Anigozanthos*) sowie die Kätzchenzweigen, der Schwarz-Erle (*Alnus glutinosa*) und die braunblättrigen Ananas (*Ananas nanus*) betonen das Leuchten der tieforangefarbenen Rosen (*Rosa* 'Lambada') und der senffarbenen Orchideen (*Arachnadendron*).

Material

Alnus glutinosa

Anigozanthos

Arachnadendron

Rosa 'Lambada'

Ananas nanus

HALTBARMACHEN

• Die Haltbarkeit der Rosen und Kängurupfoten lässt sich deutlich verlängern, wenn man sie vor der Verwendung in tiefes Wasser stellt.
• Rosen, die den Kopf hängen lassen, mit heißem Wasser behandeln (*s. S. 179*). Danach werden sie wieder genug Wasser aufnehmen und den Kopf aufrichten.

• Das Wasser in dem Krug jeden Tag nachfüllen und alle drei Tage vollständig erneuern.
• Nach dem Verwelken der meisten Blumen die Kängurupfoten und Erlenzweige herausnehmen und an der Luft trocknen. Dann können Sie daraus ein schönes neues Arrangement gestalten.

Variante mit *alten Rosen*

Meine Lieblingsrosen sind die alten Sorten, die intensiv duften und stark gefüllt sind. Manche Sorten besitzen weiche, samtige Blütenblätter in einem extrem tiefen Dunkelrot, z. B. 'Cardinal de Richelieu', 'Tuscany Superb' und 'Souvenir du Docteur Jamain'. In diesem Arrangement lugen Rosen, die fast schwarz wirken, zwischen den gelbroten Orchideen und dem zarten, saftigen Grün der Erlenzweige hervor.

KORB MIT BART-NELKEN

BART-NELKEN HATTEN lange den Ruf intensiv süß zu duften, doch ihr Duft ist eigentlich recht zart. In diesem Arrangement treffen sich in einem verwitterten Terrakotta-Korb verschiedene Bart-Nelken (*Dianthus barbatus* Monarch-Serie), deren Farbpalette von Pink bis Weiß reicht, mit Blättern vom Spindelstrauch (*Euonymus fortunei* 'Silver Queen') und der rosablühenden Eskallonie (*Escallonia* 'Donard Seedling').

DIE BLUMEN ARRANGIEREN

• Da Terrakotta porös und damit wasserdurchlässig ist, müssen Sie eine Plastikschüssel in das Gefäß setzen oder es mit Folie auskleiden.
• Einen Block feuchte Steckmasse fest am Grund des Gefäßes verkeilen.
• Das Gefäß fast ganz mit Wasser füllen, dem etwas Frischhaltemittel zugegeben ist.
• Von den Bart-Nelken alle Blätter unterhalb der Wasseroberfläche entfernen. Dies ist zwar schwierig, doch die Mühe lohnt sich, weil sie unter Wasser rasch faulen.
• Bart-Nelken, Spindelstrauch-Blätter und Eskallonie-Stiele so arrangieren, dass sie weit über das Gefäß ragen.
• Jeden Tag frisches Wasser nachfüllen.

Variante mit *Scharlachrot*

In diesem Arrangement sind Bart-Nelken in Scharlach- und Lachsrot mit dem silbrig grünen Laub des Spindelstrauchs und den pinkfarbenen Eskallonien gemischt. Der Eindruck ist viel ausgeprägter als beim Originalgesteck in Pink und Weiß. Rot und Grün liegen einander im Farbkreis (*s. S. 10–11*) gegenüber und verstärken sich daher gegenseitig.

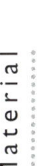

Material

Euonymus fortunei
'Silver Queen'

Dianthus barbatus
Monarch-Serie

Dianthus barbatus
Monarch-Serie

Dianthus barbatus
Monarch-Serie

Escallonia 'Donard Seedling'

STRÄUSSCHEN IN TEETASSEN

DIE EINFACHSTEN IDEEN sind oft die besten: Diese Tassen und Untertassen aus Krakeleeporzellan eignen sich ausgezeichnet für eine Mischung aus Bauerngarten-Blumen und Kräutern. Kleine Arrangements wirken sowohl in kontrastreichen als auch in harmonischen Farben attraktiv. Hier sind in allen Arrangements Chrysanthemen mit anderen Blumen kombiniert: im Bild oben mit Kerbel (*Anthriscus*) und duftenden pink-farbenen Freesien, im Bild unten links mit Goldrute (*Solidago*) und Gartenastern (*Callistephus*), vorn mit Minze (*Mentha*) und Goldrute.

Material

Dendranthema 'Tedcha'

Mentha longifolia

Freesia 'Pink Marble'

Callistephus chinensis Princess-Serie

Solidago 'Goldenmosa'

Anthriscus sylvestris

Brassica

GESTALTEN DER STRÄUSSE

• Da die Tassen nach oben weiter werden, brauchen die Blumen Halt. Befestigen Sie daher einen Pinholder mit Klebeknet am Boden jeder Tasse, dann drücken Sie eine 2,5 cm dicke Scheibe aus feuchter Steckmasse (in Form des Tassenbodens) darauf.
• Die Tassen mit Wasser füllen und die Blumen in die Steckmasse stecken.

• Kombinieren Sie jeweils unterschiedliche Blüten: Chrysanthemen und Astern haben Strahlenblüten mit dunklem Mittelpunkt, Goldrute und Kerbel hellen den Strauß auf, Freesien und Minze duften.
• Zierkohl (*Brassica*) oder andere Blätter liefern interessantes Grün.
• Die Arrangements gut feucht halten.

WINTERLICHER KORB

Es macht Freude, im Winter Blumen zu schenken oder zu bekommen. Dieser Korb mit dem Grün der Jahreszeit und Blüten, die an die Schönheit von Schnee und Eis erinnern, bildet ein herrliches Geschenk. Gefüllt ist der Korb aus Ranken und Ruten mit der weißen *Anemone coronaria* 'The Bride', umgeben von den Nadelbüscheln der Schwarz-Kiefer (*Pinus nigra*) – ein einfaches, aber sehr wirkungsvolles Arrangement.

GESTALTEN DES KORBS

- Verflechten Sie Weinranken und Weidenruten so, dass es ein bisschen wie ein Zweig-Gewirr aussieht, das wirkt natürlicher.
- Ein wasserdichtes Gefäß in passender Größe in den Korb setzen – sein Aussehen ist gleichgültig, man sieht es nicht.
- Verkeilen Sie eine 2,5 cm dicke Schicht eingeweichte Steckmasse in dem Gefäß, um die Blumen zu fixieren und für längere Haltbarkeit zu sorgen.
- Stecken Sie die Blüten dicht an dicht, ohne die Blütenblätter zu beschädigen.
- Stecken Sie den größten Teil der Kiefernzweige ins Gefäß. Die restlichen Zweige sowie das Islandmoos an der Außenseite des Korbes zwischen die Ruten stecken.

Material

Islandmoos

Pinus nigra

Anemone coronaria 'The Bride'

Variante mit *Stechpalme*

Weihnachtliches Flair erhält der Korb durch die Mischung aus Stechpalmenzweigen (*Ilex*) mit roten Beeren und Anemonen. Die dunklen, glänzenden Ilex-Blätter und die roten Beeren bilden einen kräftigen Hintergrund für die hellen, zarten Anemonen. Stechpalmenzweige müssen in Wasser oder in nasser Steckmasse stehen, sonst welken sie sehr schnell.

PINKFARBENE SCHÖNHEIT

FRÜHE AZALEEN und Rhododendren bringen Vorfreude auf den nahen Sommer. Dieser Geschenkkorb mit in Pink blühenden Pflanzen ist ein wunderbares Arrangement für drinnen. Später kann man die Pflanzen nach draußen ins Beet oder in einen Topf setzen. Vereint sind hier eine Hochstamm-Azalee (*Rhododendron 'Sweetheart Supreme'*), pink-farbener Rhododendron yakushimanum 'Isadora', die rosafarbene Schnee-Heide (*Erica carnea 'Vivellii'*) und Efeu (*Hedera*).

GESTALTEN DES KORBS

* Füttern Sie den Korb mit Plastik aus.
* Die Pflanzen in ihren Töpfen belassen. So viel Sphagnum (Sumpfmoos) auf den Korbboden legen, dass die Topfränder gerade bis zum Korbrand reichen.
* Die Pflanzen zum gründlichen Durchtränken etwa zehn Minuten in kühles, Wasser tauchen. Nicht in kaltes!
* Die gut abgetropften Töpfe in den Korb stellen. Die Azalee ansehen: Nach dem Tauchen sollten die unteren 5 cm des Stamms schwarz sein. Die Pflanze braucht Wasser, wenn der Stamm braun wird.
* Die Pflanzen nach Belieben platzieren. Die Töpfe mit Moos abdecken.
* Ein pinkfarbenes Band mit einer Schleife um den Korb binden.
* Diese Säure liebenden Pflanzen später draußen in Rhododendronerde pflanzen.

Material

Rhododendron 'Sweetheart Supreme'

Rhododendron yakushimanum 'Isadora'

Hedera helix

Erica carnea 'Vivellii'

TROPENSONNE

DIESER EXOTISCHE STRAUSS,
der vor der himmelblauen
Wand besonders plakativ
wirkt, bringt auch an kalten
Tagen einen Hauch Tropen-
sonne. Farben und Formen
der Blüten und Blätter der
Helikonien *(Heliconia)*
erinnern an bunte Vögel.
Im Volksmund heißen die
Pflanzen daher Papageien-
oder Paradiesvogelblumen.

M a t e r i a l

Philodendron bipinnatifidum

Heliconia psittacorum

Ananas bracteatus
'Striatus'

Costus spiralis
'Scarlet Spiral Flag'

Zingiber officinale

Celosia argentea
Olympia-Serie

Heliconia marginata

Heliconia stricta 'Fire Bird'

INGWER-STÜTZE

• Ingwerwurzeln lose und ungeordnet in
das Glas legen. Den Ingwer nicht zu dicht
stapeln. Er soll die Stiele halten, ohne sie
zu zerdrücken. Das Gefäß zu Dreiviertel
mit Wasser auffüllen.

• Die Blüten und Blätter in einer breiten
Fächerform arrangieren, damit es aussieht,
als ob die Pflanzen aus den Ingwerwurzeln
herauswachsen würden.

• Von links nach rechts eine aufsteigende,
fast gerade wirkende Linie aus Blüten
und Blättern bilden. Einige
Blätter herabhängen lassen,
um die Linie zu durchbrechen.

• Das größte Objekt, die dekorative
Ananas, etwas links von der Mitte
platzieren. Dann wirkt der Strauß
ausgewogen.

• Das Wasser alle drei Tage
wechseln, damit die Ingwerwurzeln nicht faulen. Damit das
Arrangement nicht zerstört wird,
das Wasser am besten mit einem
Stück Plastikschlauch absaugen.

WASSERMELONEN-VASEN

EINE HÜBSCHE DEKORATION für eine Hochsommer-Party oder ein Buffet ist dieses einfache Arrangement. Dafür muss man nur aus einer Wassermelone ein Achtelstück herausschneiden und einige leuchtende Atlasblumen *(Clarkia)* aus dem saftigen Fleisch herausquellen lassen. Unterschiedliche Farben und Muster der Schale sowie das prachtvolle rote Fleisch garantieren die dekorative Wirkung. Passt dazu nicht punktgenau ein alkoholfreier Melonenpunsch?

Material

Clarkia amoena

Clarkia amoena

Watermelon

DIE MELONE GESTALTEN

• Finden Sie die Seite, auf der die Melone am besten steht. Schneiden Sie eine Scheibe heraus, die etwa ein Fünftel bis ein Achtel der Frucht ausmacht.

• Wählen Sie Blumen mit festen Stängeln, die sich leicht ins Fruchtfleisch stecken lassen. Atlasblumen mit ihren bunten, papierartigen Blüten passen gut.

• Anstelle von Atlasblumen eignen sich auch Freesien in Rot oder Rosa, creme- oder malvenfarbene Rosen, Schleierkraut, Prärieenzian in Zartrosa, kleinblütige Orchideen oder Mohn.

• Sie können auch andere Melonenarten verwenden – mit gelber, gerippter grau- grüner oder beiger Haut. Nehmen Sie, was gerade Saison hat, und arrangieren Sie farblich passende Blumen dazu.

• Die Blumen dürfen keinesfalls giftig sein oder hautreizenden Saft abgeben!

GRÜNES VOM KAP

Material

AUF DER RAUEN schönen Kaphalbinsel in Südafrika wachsen trotz schwierigen Geländes, schlechten Bodens und rauen Wetters mehr als 9000 Pflanzenarten, die »Fynbos« (»Gestrüpp«) genannt werden. Büschelweise werden diese Pflanzen zusammen mit Proteen und Erika in alle Welt exportiert. Dieser wild aussehende Strauß aus »Fynbos«, der in einem ausgedienten Kupfertopf steht, passt besonders gut in eine legere, rustikale Umgebung.

Rumex obtusifolius

Berzelia abrotanoides

DIE SCHALE FÜLLEN

* »Fynbos« hält extrem lange. Die vielen Pflanzen in diesem Arrangement brauchen jedoch eine Menge Wasser. Geben Sie daher etwas Frischhaltemittel zu und wechseln Sie das Wasser regelmäßig.
* Da das Material fast aufrecht in der Kupferschale stehen soll, muss es gehalten werden. Verkeilen Sie deshalb ein Stück feuchte Steckmasse in der Schale.
* Die meisten Stiele fast senkrecht stecken, nur einige der Blüten und Blätter etwas

nach außen biegen, um den Rand des Gefäßes zu bedecken. Es ist wichtig, die Gruppen von Grün ausgewogen zu platzieren, mit einigen der größeren Blüten, Zapfen und Laub dazwischen verteilt.
* Arbeitet man den Strauß ohne Schauseite, eignet er sich gut für einen Kaffeetisch, mit Schauseite passt er ausgezeichnet auf einen Beistelltisch, wo die Rückseite nicht von Bedeutung ist.

Leucadendron laxum

Leucadendron platyspermum

Variante mit *Garben*

Diese Variante bekommt zusätzliche Farbe durch die gelbe Garbe *(Achillea),* die zusammen mit dem rostbraunen Stumpfblättrigen Ampfer *(Rumex obtusifolius)* ein ähnlich »raues« Aussehen besitzt wie die struppigen südafrikanischen Pflanzen. Die flachen Blütenkörbe der Garben passen besonders gut zu den überaus aparten Strukturen der anderen Blüten und Blätter.

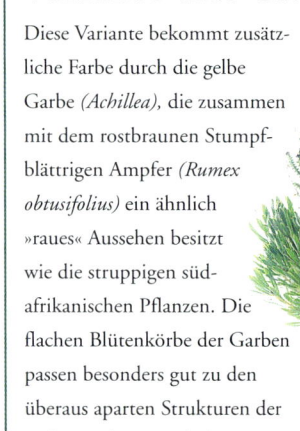

Leucadendron laxum

Erica bicolor

Erica baccans

FRÜCHTE UND LAUB

DIESER HERBSTSTRAUSS vereint Hagebutten (*Rosa moyesii*) und Brombeeren (*Rubus fruticosus*), Schneeball (*Viburnum opulus*), Lampionblume (*Physalis*) und die feurig roten Samenkapseln des Rizinusstrauchs (*Ricinus communis*). Die gelbgrünen Blätter der Lampionblume heben das Orange und Schwarz der Beeren und nehmen das Grün der Schale auf – eine großartige Farbe, die alle Beeren intensiv wirken lässt. Dieser Strauß wirkt gut im Wintergarten oder auf einem Gartentisch, wo man ihn von drinnen sieht.

WARNHINWEISE

• Dieser Strauß sieht appetitanregend aus. Da aber alle Teile des Rizinusstrauchs giftig sind, muss man dieses Arrangement unbedingt außerhalb der Reichweite von Kindern aufstellen!

• Der Rizinusstrauch kann die Haut reizen – daher Vorsicht beim Arrangieren.

• Brombeeren machen Flecken, wenn sie abfallen – ein weiterer Grund, um diesen Strauß draußen aufzustellen. Drinnen am besten ein Tablett unterlegen.

Variante mit *rotem Laub*

Eine andere Wirkung entsteht, wenn man die Lampionblumen durch rotes Herbstlaub von Buchen ersetzt. Die Farben werden durch das Grün der Schale aufgehellt, doch die Nuancen innerhalb der Blätter und Früchte sind jetzt stimmungsvoller. Der grüne Strauß erinnert an einen sonnigen Herbstmorgen, der rote an einen diesigen Herbstabend.

Material

Viburnum opulus

Hydrangea 'Preziosa'

Physalis alkekengi

Ricinus communis

Rosa moyesii

Rubus fruticosus

EXOTISCHE KASKADE

DIESE HOHE VASE mit den hängenden exotischen Blüten eignet sich bestens für besondere Anlässe. In ihr können Helikonie und Garten-Fuchsschwanz (*Amaranthus caudatus*) ungehindert herabhängen. Die Helikonien tragen wunderschöne grün und orangefarbene Hochblätter, die aufgereihten Papageienschnäbeln ähneln und mehrere Wochen halten. Perfekt dazu passen die Rispen des Garten-Fuchsschwanzes. Papyrus (*Cyperus papyrus*), Palmwedel (*Dypsis*) und gold-grüne, samtige Kängurupfoten (*Anigozanthos*) runden das Ganze ab.

GESTALTEN

• Geeignete Gefäße für solch ein Arrangement sind schlanke Metalleimer oder auch elegante Schirmständer, entsprechend ausgekleidet. Das fertige Arrangement ist etwa 1,5 m hoch.

• Durch die hohe schmale Form der Vase neigt das Arrangement zum Umkippen, deshalb muss man ihm zu einem sicheren Stand verhelfen. Die hier verwendete hohe zylindrische Vase ist im Durchmesser nur geringfügig kleiner als der Korb und sie ist niedriger. Sie ruht auf vier Ziegelsteinen, die am Boden des Korbes liegen.

• Beim Aufbau des Arrangements auf das Gleichgewicht achten. Stehen die schweren hängenden Helikonien alle auf einer Seite, fällt der Korb trotz der Ziegelsteine um.

• Mit der längsten, am weitesten herabhängenden Helikonie beginnen und dann schrittweise aufwärts arbeiten.

• Bei den Palmwedeln im unteren Bereich der Stängel die Blätter entfernen, weil man die Wedel so leichter arrangieren kann.

• Die Blätter des Fuchsschwanzes welken zuerst. Werden sie entfernt, hält der übrige Strauß noch etwa zehn Tage.

Material

Amaranthus caudatus

Heliconia nutans

Anigozanthos flavidus

Cyperus papyrus

Dypsis lutescens

ZARTE SCHATTIERUNGEN

EINE KUPPEL aus weißen und altrosafarbenen Blüten steht hier neben einem Glasteller mit Knoblauchknollen und Pilzen. In dem mit rundem Umriss arrangierten Strauß stehen duftender Sommerjasmin, zarter Phlox, Prärieenziane und Skabiosen beieinander. Zur Auflockerungen streben die Stängel des Entenschnabel-Felberichs in alle Richtungen.

DIE BLÜTEN ARRANGIEREN

● Eine kleine Scheibe feuchte Steckmasse auf einem Pinholder in eine reinweiße Glas- oder Porzellanschüssel geben. Die Steckmasse fixiert die Stiele im Strauß.

● Sommerjasmin, dann Phlox und Skabiosen platzieren, dabei Schale immer wieder drehen, um alle Seiten zu begutachten.

● Große zartrosa Prärieenziane so hinzufügen, dass der Eindruck locker, aber ausgewogen ist. Felberich-Ähren rundum aus dem Arrangement ragen lassen.

● Welke Blüten von Sommerjasmin und Prärieenzian möglichst sofort entfernen, damit die Knospen aufblühen.

Material

Lysimachia clethroides

Phlox paniculata 'Fujiyama'

Eustoma grandiflorum Heidi-Serie

Philadelphus 'Belle Etoile'

Scabiosa caucasica 'Miss Willmott'

Allium sativum

KNOBLAUCH ARRANGIEREN

• Suchen Sie einen passenden Teller zur gewählten Vase – der hier verwendete hat weiße und klare Glasstreifen.

• Die Knoblauchknollen auslegen. Das leichte Rosa, das durch die papierartige Haut des Knoblauchs scheint, nimmt die Farbe des Sommerjasmins wieder auf.

• Die gerippten Austernpilze gefällig zwischen dem Knoblauch arrangieren.

FRÜHLINGSHAUCH

NUR WENIGE DÜFTE wecken so viele Erinnerungen wie Maiglöckchen (*Convallaria majalis*). Ich denke an meine Kindheit, wenn im Frühling ihre duftenden Glöckchen unter den Rhododendren aufblühten. Das Wasser in den Reagenzgläsern, in denen jeweils einige der empfindlichen Stielen locker stecken, reicht bis an den Rand. So kann man ihre kurzlebige Schönheit und ihren Duft verhältnismäßig lange genießen.

GESTALTUNG DES GEFÄSSES

- Sie brauchen 15 Reagenzgläser und eine Rolle ummantelten Blumendraht.
- Zwei Stücke Blumendraht von 1,5 m Länge abschneiden. Wenn Sie mehr oder weniger Reagenzgläser aneinander reihen wollen, die Drahtlänge anpassen.
- Den Draht in der Mitte falten und ein Reagenzglas in die so entstandene Schlinge legen (etwa 1 cm unterhalb des Randes).
- Die Drahtschenkel überkreuzen und verdrillen, bis das Reagenzglas fest sitzt.

- Die Drahtenden noch sechs- bis siebenmal verdrillen, um 2 cm Abstand zwischen dem ersten und zweiten Glas zu schaffen.
- Die Drahtenden um das zweite Reagenzglas schlingen, dann wiederum für den Zwischenraum verdrillen. So fortfahren, bis alle Gläschen verbunden sind. Etwa 1 cm Draht am Ende überstehen lassen und um das letzte Reagenzglas biegen.
- Den zweiten Draht ebenso etwa 2,5 cm vom Boden der Reagenzgläser entfernt anbringen, dabei die Gläser parallel halten.

Variante mit *Akeleien*

Wenn man alle Reagenzgläser miteinander verbunden hat, kann man die Gläserkette in unterschiedliche Formen biegen, z. B. in ein Dreieck, ein Rechteck oder einen Kreis wie hier. Akeleien (*Aquilegia*) sind herrliche Blumen, die es im späten Frühjahr oder Frühsommer in vielen Pastellfarben gibt. Gut passt dazu der erdbeerfarbene Sommerjasmin (*Philadelphus coronarius*). In jedes Glas zwei oder drei Blütenstiele geben.

Material

Convallaria majalis

WATSONIA-FONTÄNE

ORANGE MIT LINDGRÜN ist eine fantastische Kombination. Die beiden Farben, die auf dem Farbkreis (s. S. 10–11) nahe beieinander liegen, wirken harmonisch und erhebend. Leuchtend orangefarbene Watsonien (*Watsonia pillansii*) gesellen sich hier zur lindgrünen Chrysanthemensorte 'Green Spider'. In Südafrika – im »Fynbos«-Lebensraum, einem Gebiet, in dem man viele außergewöhnlich schöne Blumen findet –, wächst die Watsonia in riesigen Gruppen. In der großen Glasvase mit Bronzefuß bilden die Blütenstängel der Watsonia eine elegante Fontäne, die aus einem Büschel Strahlen-Chrysanthemen sprudelt.

BLUMEN KOMBINIEREN

• Die Watsonia, die aus Südafrika stammt, findet man mitunter nur schwer. Montbretien (*Crocosmia*) und Gladiolen, die zur gleichen Familie gehören, können mit fast der gleichen Wirkung als Ersatz dienen.
• Großblütige grüne Chrysanthemen verlangen etwas Fingerspitzengefühl beim arrangieren, da sie manchmal ziemlich schwer und plump wirken. Eine Möglich-

keit ist, die Blumen wie Laub zu behandeln – wie hier gezeigt. Man platziert sie polsterartig dicht am Vasenrand und lässt zartere Blumen hoch herausragen.
• Gehen Sie vorsichtig mit den dicken Chrysanthemenblüten um, damit Sie ihre Basis und die größten Blütenblätter nicht beschädigen. Fällt die Blüte auseinander, rieseln bald die Blütenblätter herab.

Variante mit *Purpur*

Kombiniert man die Watsonia mit dunkleren Farben, wie hier mit dem Pflaumenblau der Chrysantheme 'Sentry', wirkt der Strauß gedämpfter. Dieses und das nebenstehende Arrangement kämen auch mit einer orangefarbenen Gladiole zur Geltung, z. B. der 'Little Darling', die Hellorange mit Gelb ist, oder der gerüschten, leuchtenden 'Firestorm'. Gut eignen sich auch hellrote Montbretien-Sorten , z. B. 'Firebird' oder 'Lucifer', die sehr eindrucksvoll sind.

Material

Watsonia pillansii

Chrysanthemum 'Green Spider'

MAGNOLIEN-KRANZ

OFT SIND DIE EINFACHSTEN Dinge die schönsten. Dieser Kranz, geformt wie ein altgriechischer oder -römischer Lorbeerkranz, besteht nur aus Blättern und Früchten der Immergrünen Magnolie *(Magnolia grandiflora)*. Die immergrünen Blätter dieses schönen Baumes besitzen eine glänzende grüne Oberseite und eine braune samtige Unterseite – ein besonderer reizvoller Kontrast. Die Früchte sehen wie fleischige Tannenzapfen aus und werfen reif üppige rote Samen aus. Die Bäume tragen im Winter Blätter und Früchte. Der Kranz hält gut und ist an der Eingangstür oder an einer Innentür ein hübscher Willkommensgruß.

GESTALTEN

• Ein Stück Kaninchendraht – 110 cm lang und 10 cm breit – mit trockenem Sphagnum belegen (oder mit feuchtem, wenn der Kranz draußen hängt) und daraus eine Röhre formen – etwa 5 cm Durchmesser.

• Die Röhre zu einem ovalen – oder auch runden – Kranz biegen und die Enden mit Blumendraht verbinden. An der Nahtstelle einen stabilen Steckdraht eine Schlaufe – als Aufhängung – gut befestigen.

• Mehrere 10 cm lange Stücke aus mitteldickem Steckdraht in U-Form biegen.

• Mit diesen Stücken je drei Blätter als Fächer andrahten, teils mit der grünen, teils mit der braunen Seite nach oben.

• Die moosgefüllte Röhre flach auflegen – die Spitze mit der »Nahtstelle« weist von Ihnen weg. Oben an der Naht beginnen und die Blattgruppen überlappend – wie Dachziegel– andrahten. Dazu die Blätter an den Steckdrähten ins Moos schieben und die Enden zurückbiegen. Zuletzt am unteren Ende des Kranzes eine Rosette aus überlappenden Blättern anbringen.

• Die Früchte befestigen – die schönste Frucht als Mittelpunkt der Rosette. Sichtbare Drähte mit Blättern abdecken.

Magnolia grandiflora

Material

BLUMEN IN EIS

FANTASTISCH WIRKEN BLUMEN, die in Eis eingeschlossen sind. Einfach ist es, einzelne Blüten in einen Eiswürfel einzufrieren. Experimentierfreudigere fertigen eine Schale oder einen Sektkübel aus Eis an und bewahren das blumengeschmückte Gefäß im Gefriergerät auf – eine Attraktion für besondere Gelegenheiten. In der »Eisschale in Blau« ruhen fiedrige Korianderblätter und leuchtend blaue Iris (*Iris* 'Professor Blaauw') – nicht im Ewigen Eis, denn das Eis schmilzt bei Zimmertemperatur bald dahin.

Material

Iris 'Professor Blaauw'

Coriandrum sativum

DIE SCHÜSSEL GESTALTEN

• Sie brauchen zwei Glasschüsseln, eine 2,5 cm kleiner im Durchmesser als die andere. Die größere Schüssel halb mit Wasser füllen.

• Die kleinere Schüssel in die größere stellen, mit Wasser füllen, bis ihr Boden 2 cm über dem der größeren schwimmt.

• Die Wand der äußeren und den Rand der inneren Schüssel gut trocknen. Zwei gekreuzte Streifen Klebeband über beide Schüsseln legen und am Rand festkleben.

• Blüten und Blätter vorsichtig zwischen die Schüsseln legen, mit einem Stab an die richtige Position schieben. Die Schüsseln über Nacht ins Gefriergerät stellen.

• Auslösen der Eisschüssel: Die Glasschüsseln in kaltes Wasser stellen, Wasser in die innere Schüssel geben. Nach etwa zwei Minuten innere Schüssel abheben. Umdrehen, größere Schüssel abnehmen.

Variante mit *Champagnerflasche*

Genauso wie die Eisschüssel können Sie einen Sektkübel aus Eis fertigen. Dazu zwei eimerförmige Gefäße als Formen verwenden, eines etwas größer als das andere. Keine giftigen Blüten oder Blätter verwenden, falls jemand ein Stück Eis abbricht und isst.

CALLA-FÄCHER

WENN MAN GLASGEFÄSSE verwendet, spielen nicht nur die Blüten und das Laub über Wasser eine Rolle, sondern auch das Aussehen ihrer Stiele unter Wasser. Hier vollenden die Stängel der apricotfarbenen Calla (*Zantedeschia*), gold-panaschierten Ölweide und goldgelben Amerikanischen Winterbeeren (*Ilex verticillata*) die Fächerform des Arrangements. Der markante Strauß passt auf einen Beistelltisch oder das Fensterbrett.

DIE STÄNGEL ARRANGIEREN

• Vorsicht an den spitzen Dornen der Ölweide kann man sich verletzen.

• Die hohlen Stiele der Callas vor dem Arrangieren mit Wasser füllen *(s. S. 178)*. Das verlängert ihre Haltbarkeit.

• Zuerst die senkrecht stehenden Calla-Stiele auf der rechte Seite in das Gefäß stellen (mit der Hand abstützen).

• Links dann weitere Callas schräg einstellen. Alle Stiele reichen bis zum Vasenboden.

• Die Beerenzweige und – mit Schwerpunkt auf der rechten Seite – die Ölweide hinzufügen.

Material

Ilex verticillata

Variante mit *Rosen*

Gelbtöne für sich genommen sorgen im Haupt-Arrangement (*ganz rechts*) für Harmonie. Bei dieser Variante wird das Gelb durch kleine leuchtend rote Rosen durchbrochen. Dies verleiht dem Strauß deutlich mehr Spannung und Vitalität. Die Rosenblüten, die unterhalb der gelben Hochbätter der Callas und über der Ölweide platziert sind, bilden ein Farbband, das der Fächerlinie folgt.

Zantedeschia 'Dusty Pink'

Elaeagnus pungens 'Maculata'

VASE MIT FLAMINGOBLUMEN

DIE ROLLE, DIE EINE VASE für einen Strauß spielt, sollte man keinesfalls unterschätzen und diese Vase ist in ihrer Exklusivität tatsächlich ein Glücksfall. Ihr Blau erinnert an Tropenmeere, während die feinen roten Streifen Aufmerksamkeit anziehen und ihr eine luftige Eleganz geben. Der enge Hals hilft beim Arrangieren der Blumen, von denen man nur wenige braucht, um die Vase zu füllen. In diesem aparten Arrangement vereinen sich grün-rote Flamingoblumen mit stark geäderten, grün-cremeweißen Kohlblättern (*Brassica*). Eine exotische Pflanze und ein Gemüse scheinen eine seltsame Mischung, doch das Ergebnis überzeugt.

MATERIAL VORBEREITEN

• Flamingoblumen vor dem Arrangieren einige Stunden lang tief ins Wasser stellen (*s. S. 176–177*).

• Der Kohlstrunk fault im Wasser sehr schnell und riecht dann unangenehm, deshalb Frischhaltemittel ins Wasser geben.

• Nach zwei oder drei Tagen das Wasser vollständig ausgießen und frisches einfüllen. Die Pflanzen können dabei in der Vase bleiben, da man sie gut mit einer Hand festhalten kann.

• Da die Flamingoblumen ziemlich lang halten, lohnt es sich den Kohl, wenn er welk ist, zu entfernen und durch Laub zu ersetzen – vielleicht durch Philodendronblätter oder Gräser.

• Der enge Hals hält die Pflanzenstängel ohne Steckmasse oder zusätzlichen Halt an Ort und Stelle. Prüfen Sie aber, ob Ihre Vase sicher genug steht, um einen so kopflastigen Strauß zu tragen. Halbhoch eingefüllte Kieselsteine schaffen festen Stand.

Variante mit *Nerinen*

Hier wurden die Stängel derselben Flamingoblumen gekürzt, sodass sie fast auf dem Rand der Vase ruhen. Dazwischen stehen Nerinen, deren intensiv scharlachrote Blütenblätter herrlich glitzern. Im Kontrast zum durchscheinenden Blau der Vase, dabei deren Rot wiederaufnehmend, ist dieser Strauß umwerfend. Sie könnten auch die großen Funkien- oder Bergenienblätter statt des Kohls verwenden.

Material

Anthurium andraeanum 'Trinidad'

Brassica Northern-Lights-Serie

LEUCHTENDE ÄHREN

DIE AFRIKANISCHEN GEFÄSSE aus Leder und Holz passen gut zu den den gelben und orangefarbenen Blütenähren der in Südafrika und Neuseeland beheimateten *Bulbinella hookeri*. Im Ledergefäß (*links*) sind sie vereint mit fiedrigem Laub und gelben Blüten der Silbereiche (*Grevillea robusta*). Im Holzgefäß mischen sie sich mit Ringelblumen (*Calendula*).

Variante mit *Astern*

Gelbe und orangefarbene Blüten wirken ruhig und harmonisch. Die purpurnen Glattblatt-Astern (*Aster novi-belgii* 'Chequers') dagegen schaffen einen scharfen Kontrast und lassen die Ringelblumen noch sonniger wirken. Die beiden Farben Gelb und Purpur liegen einander im Farbkreis (*s. S. 10–11*) gegenüber. Der Spätsommer ist eine gute Zeit für diesen Strauß, denn dann gibt es Bulbinella, Ringelblumen und Astern in Mengen.

Material

Grevillea robusta

Bulbinella hookeri

Bulbinella hookeri

Calendula officinalis

DIE BLUMEN ARRANGIEREN

• Bei rustikalen Gefäßen prüfen, ob sie wasserdicht sind. In die Ledervase sollte man ein zylindrisches Gefäß, z. B eine Glasvase, stellen, da die Silbereiche eine Folie durchstechen könnte.

• Damit die Ringelblumenblüten besser zur Geltung kommen und länger halten, sollten Sie die meisten der blättrigen Seitentriebe und einige der größeren Blätter entfernen.

• Im Holztopf die gelben Bulbinella-Ähren den oberen Teil des Straußes beherrschen lassen und die Ringelblumen im unteren Drittel ansiedeln.

LICHTER-VASE

ARRANGEMENTS, DIE ZUM LÄCHELN anregen, verschönern die festliche Saison. Diese Kombination aus Lichtern und winterlichem Grün wirft einen humorvollen Blick auf den traditionellen Weihnachtsbaum. Baumstamm ist eine Sturmlampe, gefüllt mit Tanne *(Abies)* und Seggen *(Carex)*. Obenauf findet sich eine Lichterkette mit 50 Lämpchen. Einfach, aber effektvoll, dazu völlig sicher, da kein Wasser verwendet wird. Solche Arrangements sehen am Fenster oder im Flur wunderbar aus.

GESTALTEN

• Sie benötigen einen Blumentopf, der einen etwa 12 cm größeren Durchmesser hat als der Glaszylinder der Sturmlampe. Trockene Steckmasse in den Topf geben.
• Die Lichterkette von unten nach oben durch das Glas ziehen. Das Glas in die Steckmasse einbetten.
• Das Glas mit haltbaren Tannen, Seggen und trockenen Rosella-Hanfblüten füllen.
• Bilden Sie aus den Lichtern ein Knäuel als Baumkrone. Falls nötig, mithilfe von Zweigen, die oben in dem Glaszylinder liegen, verankern.
• Die Steckmasse mit Teppichmoos *(Mnium hornum)* abdecken und ein paar Rosella-Hanfblüten darauf legen.

Material

Mnium hornum

Abies procera

Hibiscus sabdariffa

Cryptomeria japonica 'Cristata'

Carex oshimensis 'Evergold'

SILBER-TROMPETE

AUS DIESER MATTSILBERNEN VASE – deren einfache Form Blumen ganz von selbst perfekt fallen lässt – ragen purpurrote Amaryllis-Blüten (*Hippeastrum* 'Liberty'), deren Trompetenform die Form der Vase aufnimmt. Ergänzt werden sie durch die interessanten Blätter von *Dracaena surculosa*, *Alocasia macrorrhiza* und *Chamaerops fortunei*.

Variation mit *Chilis*

In diesem Arrangement ersetzen große Stiele mit roten Chilis (*Capsicum*) die scharlachroten Amaryllis-Blüten. Sie bringen genügend Farbe und lassen doch die Blätter in ihrer Formenvielfalt und ihren Dunkelgrün-, Hellgrün- und Goldtönen zur Geltung kommen. Die Palmwedel (*Chamaerops fortunei*) sind so arrangiert, dass sie sich breit gefächert über den Rand der Vase neigen. Jeder Wedel für sich und alle als Ensemble bilden faszinierende Fächer.

Material

Alocasia macrorrhiza 'Variegata'

Dracaena surculosa

Hippeastrum 'Liberty'

Capsicum frutescens

Chamaerops fortunii

FORMEN DER TROMPETE

● Verwenden Sie so eine große, nach oben hin breiter werdende Vase mit schmalem Fuß nur, wenn der Fuß schwer genug ist, das Gewicht der Blumen auszubalancieren. Sonst besteht die Gefahr, dass sie kippt.

● Die Vase halb mit Wasser füllen.

● Um die Haltbarkeit der Amaryllis-Blüten zu verlängern, schneiden Sie die Stielenden ein Stückchen ab und halten die Blüte kopfunter. Nun füllen Sie den hohlen Stiel mit Wasser. Einen Finger auf die Schnittfläche legen und sofort in die Vase stellen. Oder den gefüllten Stiel mit etwas feuchter Watte verstopfen, bevor er ins Wasser kommt (s. S. 178).

● *Dracaena-*, *Alocasia-* und Palmblätter um die Amaryllis-Stiele arrangieren. Blätter in Kontrastfarben zueinander stellen.

● Weitere Amaryllis-Knospen öffnen sich leichter, wenn alle welken Blüten sofort entfernt werden.

FRÜHLINGSBLÜTEN

Forsythia x intermedia

Prunus avium

Chaenomeles nivalis

ZARTE FRÜHLINGSBLÜTEN und eine große schwere Metallvase passen auf den ersten Blick nicht so ganz zusammen. Doch wenn man die Vase in Kombination mit Vogelkirsche *(Prunus avium)*, weißer Zierquitte *(Chaenomeles)* und hellgelber Forsythie betrachtet, wirkt das Arrangement gegen eine helle Wand oder den Himmel einfach ätherisch schön.

Variante mit *Schneeball*

Fügt man dem Forsythienstrauß Schneeball (*Viburnum macrocephalum*) hinzu, erregt er einige Aufmerksamkeit. Die hellgrünen Blütendolden, die zum Sommer hin fast weiß werden, wirken so frisch wie der Frühling. Von den Schneeball-Zweigen alle Blätter entfernen, da sie dem Strauß die Luftigkeit nehmen. Zarter wirkt der Strauß, wenn man statt der leuchtend gelben Forsythie die zartgelbe *Forsythia suspensa* oder *Forsythia* 'Spring Glory' nimmt.

DEN STRAUSS GESTALTEN

• Nutzen Sie die Zweigformen, um dem Strauß Struktur zu geben: Da Forsythienzweige ziemlich gerade wachsen, werden die starren Linien durch die anderen verwendeten Pflanzen aufgelockert.

• Nicht zu viele Zweige nehmen. Dieser Strauß sollte luftig leicht und keinesfalls überfüllt wirken.

• Treten Sie oft zurück, um den Umriss zu kontrollieren. Ordnen Sie die Zweige, bis Sie Ausgewogenheit erreicht haben. Es dürfen sich nicht zu viele Zweige kreuzen, da der Strauß sonst nicht filigran, sondern ziemlich unruhig wirkt.

• Für Pflanzen, die im Frühling blühen, halten sich die hier verwendeten lange. Die Blüten der Vogelkirsche welken zuerst.

BLAUE LAGUNE

ALS GEFÄSS wird für dieses farbenprächtige Gesteck eine Wäschebox aus Holz verwendet, in der ein Wok mit Wasser steht. Eine Manschette aus Funkienblättern bildet das »Ufer« der »Lagune«, in der blaue Iris dicht an dicht stehen. Eine einzelne dunkelrote Rose (Rosa The Dark Lady ('Ausbloom')) taucht mit dramatischer Wirkung aus den Iris auf.

Hosta 'Frosted Jade'

Iris 'Professor Blaauw'

Rosa The Dark Lady ('Ausbloom')

DIE »LAGUNE« GESTALTEN

• Achten Sie darauf, dass das innere Gefäß nicht verrutschen kann. Befestigen Sie einen Block feuchte Steckmasse mit Pinholdern, um den Strauß festzuhalten.
• Den äußeren Rand des Gefäßes mit Funkienblättern bedecken und das Innere dicht an dicht mit Iris, deren Stiele in die Steckmasse gesteckt werden.
• Fügen Sie dem Arrangement eine Blüte in einer Kontrastfarbe hinzu.

Variante mit *Frauenmantel*

Die Idee zu diesem Arrangement hatte ich, als ich die hellgrünen Wasserlinsen auf der Oberfläche meiner Wassertröge betrachtete. Hier bedeckt ein üppiges Büschel der kleinen Frauenmantel-Blüten die Oberfläche, während eine einzige Rose der Sorte 'New Dawn' wie eine Seerose daraus hervorlugt. Dieses Arrangement sollte so aufgestellt werden, dass man es von oben betrachten kann.

ORCHIDEEN IN RINDE

MIT IHREN EXOTISCHEN, wachsartigen Blüten, die an blattlosen Stängeln sitzen, gehören die Orchideen zu den ganz besonderen Blumenschönheiten. In dem mit Kiefernrinde verkleideten Korb stehen Töpfe mit *Phalaenopsis*-Hybriden und Frauenschuh (*Paphiopedilum*-Hybride). Die Edel-Tanne wächst weit von der natürlichen Umgebung der Orchideen entfernt, doch ihre Zweige schaffen hier die Verbindung zur Kiefernrinde auf dem Korb.

GESTALTEN

- Korb mit Folie abdichten.
- Die Rinde der Bunges Kiefer *(Pinus bungeana)* eignet sich gut, doch andere Rinde geht auch. Die Rinde in 9 cm breite Stücke sägen, die etwas höher sind als der Korb. Oben die Bruchkanten lassen.
- Ein langes Stück Blumendraht am Korb so befestigen, dass ein kurzes und langes Drahtstück vorhanden ist. In zwei Drittel Höhe das Drahtende der Rolle anbinden.
- Die Rindenstücke überlappend anlegen und den ersten Draht fest darüberwickeln.

An der Anfangsstelle gut verdrillen. Mit dem Draht von der Rolle die Rinde im unteren Drittel des Korb umwickeln. Die überstehenden Drahtenden abzwicken.

- Den Korb mit Sphagnum füllen und die Orchideen in ihren Töpfen hineinstellen (drei von jeder Art). Etwas Edel-Tanne *(Abies procera)* oder andere kurz benadelte Zweigchen in und um die Töpfe geben. Kleine Zapfen drahten und einstecken.
- Die Drähte unter Bast oder zwei rustikalen Bänder verbergen.
- Zum Wässern der Orchideen die Töpfe herausnehmen und bis unter den Topfrand in Regenwasser stellen. Das Substrat vollsaugen lassen, dann abtropfen lasssen und zurück in den Korb stellen.

Material

Kiefernzapfen

Pinus bungeana Rinde

Abies procera

Paphiopedilum-Hybride

Phalaenopsis-Hybride

SPÄTSOMMER-HARMONIE

EINE WOLKE VON BLASSEN, zarten Farben schimmert über einer durchscheinenden Glasvase mit himmelblauem Muster. Zartrosa Nerinen, hellblauer Rittersporn, weißer Phlox, gelbe Tagetes, zartgrünes Laub – die frühlingshaften Farben mischen sich harmonisch mit den Blüten des Spätsommers . Die Trompetenform der Vase macht das Blumenarrangieren leicht – Sie müssen nur Farben, Formen und Strukturen ausgewogen in ein natürliches Aussehen bringen. Einige Rittersporne ragen heraus, während die Nerinen sich unterhalb der Mitte drängen.

FARB-MISCHUNG

● Achten Sie darauf, die richtigen Mengen der verschiedenen Farben zu nehmen: hellere Blautöne treten zurück, während kräftiges Rosa oder Gelb herausleuchtet.

● Ein Arrangement ausschließlich mit Pastellfarben sieht sehr sanft aus, deshalb setzen hier einige leuchtend orangefarbene Seidenpflanzen kräftige Akzente.

● Verteilen Sie die verschiedenen Farben so, dass sie ausgewogen wirken, aber keine Muster bilden. Zu leicht bildet sich eine gerade Linie aus einer Farbe innerhalb eines Arrangements. Wenn Sie nur eine Blume an eine andere Stelle bringen, wird diese Linie aufgelöst.

● Alle Blätter, die in der Vase unter Wasser stehen würden, entfernen. Laub verrottet schnell und steckt die anderen Blumen mit seinen Fäulnisbakterien an (*s. S. 177*).

● Bei Verwendung einer großen, schmalen Vase darauf achten, dass sie schwer genug ist, um das Gewicht auszubalancieren.

Material

Delphinium 'Cressida'

Tagetes Antigua-Serie

Nerine bowdenii 'Alba'

Phlox 'Kelly's Eye'

Phlox paniculata 'Fujiyama'

Curcuma aeruginosa

Lysimachia vulgaris

Asclepias tuberosa

MINIATURGARTEN

DIESES DEKORATIVE Arrangement aus Schnittblumen und Moos in einem Aquarium erinnert an die im 19. Jahrhundert gepflegte Leidenschaft, Pflanzen in Glasgefäßen zu ziehen. In dem Beet aus Moos stecken Blumen des Winters und des Vorfrühlings: Christrosen (*Helleborus niger*), süß duftende Traubenhyazinthen (*Muscari*), zarte Maiglöckchen (*Convallaria majalis*) und exotisch wirkende Papageientulpen (*Tulipa*-Sorten). Für einen Herbstgarten könnte man knorrige Holzstücke, kleine Zweige mit Beeren und Bucheckern (*Fagus*) verwenden. Das Arrangement passt gut auf einen Beistelltisch oder sogar in die Mitte eines größeren Esstischs.

DAS AQUARIUM FÜLLEN

- Dieses Aquarium ist 40 × 22 cm. In ein kleineres Gefäß kleinere Blumen geben.
- Den Boden mit 4 cm dicker feuchter Steckmasse bedecken, am Rand ringsherum 1 cm frei lassen. Den Spalt mit Teppichmoos füllen, außerdem Teppichmoos über die Steckmasse legen. Wenn man das Gefäß nur von vorne sieht, Steckmasse und Moos nach hinten anhäufen.
- Die Blumen stecken, für empfindliche Stiele ein Loch mit einem Stab vorbohren. Für die Mini-Büsche Baum-Heide (*Erica arborea*) und gedrahtete Kalmusbüschel (*Acorus calamus 'Variegatus'*) verwenden.
- Sehr häufig wässern. Verwelkte Christrosen durch weiße Chrysanthemen oder hellblaue Traubenhyazinthen ersetzen.

Zierkohl *(Brassica)*

Muscari armeniacum

Convallaria majalis

Dendranthema in Sorten

Acorus calamus 'Variegatus'

Erica arborea

Helleborus niger

Tulipa 'Webber's Parrot'

SCHMUCK FÜR DEN TEETISCH

VIELE HAUSHALTSGEGENSTÄNDE kann man ohne weiteres als Gefäße für Blumenarrangements verwenden. Hier geben z. B. ein moderner Wasserkessel und eine altmodische Porzellan-Teekanne einen perfekten Vasenersatz ab. Im glatt polierten Kessel spiegelt sich der leuchtende Mohn (*Papaver nudicaule*), der über den Rand quillt. Die Öffnung ist ziemlich klein, doch die unterschiedlich großen Mohnblüten lassen sich attraktiv verteilen.

»HEISSWASSER-BEHANDLUNG«

• Mohn – ganz gleich, welche Art – muss vor dem Arrangieren mit heißem Wasser *(s. S. 178)* behandelt werden.

• Pflanzen, die für einen Kessel vorgesehen sind, kann man darin etwa 4 Minuten in 2,5 cm hoch eingefülltes, fast kochendes Wasser stellen. Danach den Kessel mit kaltem Wasser auffüllen.

•• Mohn, den man im Blumenladen kauft, ist manchmal bereits mit heißem Wasser vorbehandelt. Die Stiele sollten dann nicht mehr gekürzt oder angeschnitten werden. Ist es für ein Arrangement nötig, müssen die Stängel, nachdem sie die gewünschte Länge haben, noch einmal in heißes Wasser gestellt werden.

• Wenn Mohn auf die beschriebene Weise vorbereitet ist, hält er sich erstaunlich gut, bis zu sieben Tagen. Sein empfindliches Aussehen täuscht über seine Robustheit.

Material

....

Variante mit *Teekanne*

Dieselbe Grundidee kann für ein Arrangement mit ganz anderem Charakter eingesetzt werden. Diese Teekanne des 19. Jahrhundert aus Staffordshire-Porzellan ist gefälliger als der hypermoderne Teekessel. Sie beherbergt hier einige rosafarbene Duft-Wicken (*Lathyrus odoratus* 'Wiltshire Ripple'). Im Gegensatz zum Mohn, der eng am Kessel anliegt, sind die Wicken als luftiger Bausch über der Teekanne arrangiert.

Papaver nudicaule 'Summer Breeze'

GLITZER-GIRLANDE

MIT FLECHTEN bedeckte Zweige der Europäischen
Lärche *(Larix decidua)* eignen sich perfekt zur Dekoration eines Fensters, einer Tür oder eines Kamins,
der über Weihnachten nicht benutzt wird. Damit sie
glitzern, habe ich sie mit Silbersternchen bestreut und
mit glänzenden getrockneten Mohnkapseln *(Papaver
somniferum)* verziert. Als weiterer Schmuck dienen
Kiefernzapfen und einige blaue Christbaumkugeln.

Pinus sylvestris Zapfen

Pinus strobus
Zapfen

Larix decidua

Papaver somniferum (getrocknet)

FESTLICHER KAMIN

• Um die Girlande an einem Stein- oder
Marmorkamin zu befestigen, fixieren Sie
eine lange Drahtschlaufe fest um den Sims
des Kamins (rechts). Die Zweige binden
Sie dann an diesen Draht.

• Für die seitliche Dekoration binden Sie
große Lärchenzweige mit Blumendraht
zusammen. Diese Zweige sollten fast bis
zum Boden reichen.

• Die Mohnkapseln und die Kiefernzapfen
als Ergänzung zu den Christbaumkugeln
mit blauer und silberner Farbe besprühen.

• Einige der Mohnkapseln und Kiefernzapfen auf den Seitenteilen anbringen.

• Die fertigen Seitenteile nach draußen
bringen und mit Sprühkleber besprühen,
dann sofort die kleinen silbernen Glitzer-

sterne darüberstreuen. Die Seitenteile sind
jetzt fertig zum Befestigen an der zuvor am
Kamin angebrachten Drahtschlaufe.

• Beim oberen Teil der Dekoration gehen
Sie genauso vor wie bei den Seitenteilen.
Nehmen Sie zwei stattliche Zweige, die
jeweils bis zur Hälfte über den Kaminsims
reichen. Zur Auswahl halten Sie die Äste
am besten erst einmal an die richtige Stelle
und überprüfen ihre Form.

• Befestigen Sie diese Zweige am Draht,
dabei so aufeinander legen, dass sie sich
nach oben auffächern und in der Mitte
des Kaminsimses attraktiv überlappen.

• Nun die Christbaumkugeln mit ihrer
Aufhängung an die Zweige drahten.
Platzieren Sie die Kugeln asymmetrisch,
das sieht gefälliger aus.

SCHWIMMENDE BLÜTEN

WASSER IST in jedem Garten ein wesentliches Element. In meinem Garten in London habe ich einen kleinen Teich, zwei Wassertanks, zwei alte Brunnentröge und eine Reihe von Ölkrügen, die ich mit Wasser gefüllt habe. Alle paar Tage pflücke ich einige Blüten, wie diese pinkfarbenen Päonien *(Paeonia* 'Globe of Light'), und lasse sie auf der Wasseroberfläche treiben – ein bezaubernder Effekt.

GESTALTEN UND PFLEGEN

- Einige offene Päonienblüten auf der Wasseroberfläche in einem steinernen Brunnentrog treiben lassen.
- Entengrütze nicht überhand nehmen lassen. Sie darf auf keinen Fall die gesamte Wasseroberfläche in Trögen und Teichen bedecken, sondern es muss immer noch Wasser dazwischen zu sehen sein.
- Außen bemooste Terrakotta- und Stein-gefäße täglich mit Wasser besprühen.
- Alte Ölkrüge schräg anlehnen, mit Wasser füllen und mit schwimmenden Blüten, z. B. gelben Begonien, zartrosa Rosen oder Geranienblättern, dekorieren.
- Sobald die schwimmenden Blüten welk werden, herausnehmen. Keine Reste im Wasser verrotten lassen. Bei kleineren Gefäßen, das Wasser häufiger wechseln.

Variante im *Mörser*

Dieser Mörser aus Marmor ist zum Mini-Teich umfunktioniert worden. Mit seinen nur 25 cm Durchmesser ist er ein dekoratives Gefäß für einige wenige schwimmende Blüten. Hier sind es zwei Rosen der Sorte 'Purple Tiger', einige tiefrote Geranien und intensiv gefärbte Blaue Gänseblümchen. Das Wasser möglichst täglich wechseln, da Blütenblätter sehr schnell Fäulnisbakterien produzieren.

Material

Paeonia 'Globe of Light'

ÜPPIGE SCHALE

DIESES NIEDRIGE ARRANGEMENT ist ideal als Tafelaufsatz für den Esstisch, da es freien Blick gestattet. Über den herabhängenden dunkelblauen Trauben wölben sich orangefarbene Ranunkel (*Ranunculus asiaticus*), rosafarbener Prärieenzian (*Eustoma grandiflorum*), duftende Tuberose (*Polianthes tuberosa*), einige rote *Euphorbia fulgens*, Samenkapseln des Lotus (*Nelumbo nucifera*) und große Blätter des Feigenbaums (*Ficus carica*).

DEN RAHMEN GESTALTEN

• In der Schale mit Klebeknet einen Pin-holder anbringen. Einen feuchten Steck-masseblock (5 cm lang, 7,5 cm hoch) befestigen. Die Schale mit Wasser füllen.
• Eine Traube an jedes Ende eines Draht-stückes binden und über die Schale legen. Zwei weitere Traubenpaare zugeben.
• Zwischen die Trauben-Drähte weitere Drähte flechten (etwas vom Rand entfernt beginnen). Die Steckmasse und das Draht-netz halten die Blumen im Arrangement.

Material

Ficus carica

Euphorbia fulgens

Eustoma grandiflorum Heidi-Serie

Nelumbo nucifera

Polianthes tuberosa 'The Pearl'

Ranunculus asiaticus Turban-Gruppe

Vitis vinifera

SCHACHBRETTMUSTER

SCHACHBLUMEN (*Fritillaria meleagris*) mit ihren Blütenglocken und ihrem Schachbrettmuster in Pflaumenblau oder Kastanienbraun und den Einsprengseln in Rosa, Creme und Weiß bieten einen zauberhaft natürlichen Anblick. Gut dazu passen – in einer zweiten farblich ähnlichen Vase – Christrosen (*Helleborus niger*).

Material

Fritillaria meleagris

Helleborus niger

Variante mit *Tulpen*

Zu dem zarten Schachblumen-Arrangement sind hier einige Tulpen hinzugefügt. Es ist die Sorte 'Gavota', die ihre Blütenblätter weit nach außen kehrt. Die ungewöhnlichen Farben dieser Tulpe – Pflaume, Creme und Grün – ähneln denen der Schachblume und erinnern an die Farben von Gemälden des 17. Jahrhunderts. Kombinationen mit parallelen Farben, aber unterschiedlichen Formen wirken immer faszinierend.

ARRANGIEREN DER BLÜTEN

• Nehmen Sie zwei Gefäße, die einander in Form, Farbe und Struktur gut ergänzen, und deren Farben mit denen der Blüten optimal harmonieren.

• Die Stängel der Schachblumen schräg anschneiden. So halten sie deutlich länger. Die Blätter am Stängel lassen.

• Die Schachblumen sehr dicht anordnen. Ihre robusten Blätter dürfen wirr durcheinander gehen.

• Mit einer Nadel die Stiele der Christrosen mehrfach direkt unterhalb der Blüte durchstechen und die Blumen in warmes Wasser stellen. So nehmen die Blüten sehr viel mehr Wasser auf und halten länger.

• Die Blüten der Christrosen so ordnen, dass sie sich über den Vasenrand neigen.

MEDITERRANER KRUG

DIESER ROMANTISCH VERWITTERTE Terrakottakrug, der an Gefäße aus Südfrankreich erinnert, hat wohl auf dieses Arrangement aus Mittelmeerblumen gewartet. Es sieht aus, als ob sich die Pflanzen im lauen Küstenwind wiegen. Der Krug mit dem Strauß passt auf einen Tisch im Wohnraum genauso gut wie auf eine Terrasse, wo man das Gefäß an einer Kordel aufhängen kann. Rosmarin und Ozothamnus bilden den Hintergrund für Lavendel (*Lavandula*) und Garbe (*Achillea*).

GEFÄSSE AUSWÄHLEN

• Gefällt Ihnen ein Gefäß, sollten Sie es kaufen, auch wenn es auf den ersten Blick nicht ideal für Blumen erscheint. Mit seinem gewölbten Boden ist dieser Krug zum Aufhängen an einer Kordel gedacht. Soll er stehen, sorgt ein dicker Ring aus geflochtenem Bast für sicheren Stand.

• Poröse Krüge mit einem Plastikgefäß oder Folie ausstatten. Die Folie nicht mit holzigen Stängeln durchstechen.
• Etwas feuchte Steckmasse in den Krug legen, um die ersten Stiele zu fixieren.
• Das Arrangement hält wesentlich länger, wenn man alle Blätter vom unteren Teil der Stängel entfernt. Beim Nachfüllen des Wassers immer etwas Frischhaltemittel zugeben, das verbessert die Haltbarkeit.

Material

Rosmarinus officinalis

Ozothamnus rosmarinifolius

Achillea 'Hartington White'

Lavandula angustifolia

VIOLETT- UND BLAUTÖNE

VIOLETT LIEGT AUF DEM FARBKREIS zwischen Hellblau und den warmen Tönen Pflaume und Purpur. Es ist eine etwas düstere Farbe, die aber trotzdem Leuchtkraft entwickelt, vor allem in der Kombinbation mit kräftigem Blau. Hier stehen Duftveilchen (*Viola odorata*) in einer hohen schmalen Vase in Indigo und Türkis, außerdem in einem halbmond-förmigen, durchscheinenden blauen Gefäß. Den Kontrast bildet die tür-kise Schale mit Anemonen (*Anemone coronaria* 'Mona Lisa Purple').

Material

Anemone coronaria 'Mona Lisa Purple'

Primula Polyanthus-Gruppe, Crescendo-Serie

Viola odorata

Variante mit *Primeln*

Die Duftveilchen stehen hier ebenfalls in einem blauen, durchscheinenden Gefäß. Da-neben ruhen in einer kleinen türkisfarbenen Schale Primel-blüten (*Primula* Polyanthus-Gruppe, Crescendo-Serie) in Violett mit leuchtend gelbem Mittelpunkt. Der Duft der Primeln mischt sich mit dem zarten, köstlichen Veilchenduft.

DIE BLUMEN ARRANGIEREN

• Nehmen Sie Gefäße in Farben, die mit den Farbtönen der Blumen harmonieren. Dabei sollte Sie der ursprüngliche Zweck der Gefäße nicht stören – beispielsweise ist das asymmetrische hellblaue Gefäß, in dem die Veilchen arrangiert sind, nichts anderes als ein Papierkorb aus Kunststoff.

• Darauf achten, dass sich in den Gefäßen stets genug Wasser befindet. Es sollte immer fast bis zum Gefäßrand reichen.
• Langstielige Blätter aus den handelsüblichen Veilchensträußchen entfernen.
• Die kurzen Stiele der Veilchen vorsichtig drahten – bündelweise und teilweise zu-

sammen mit Primelblättern. Dabei die Steckdrähte so bemessen, dass die Blüten gerade über den Rand des Gefäßes ragen.
• Einzelne kurzstielige Primelblätter ebenfalls drahten.
• Dünne Steckdrähte zum Drahten verwenden, da die Stiele empfindlich sind.

KEGEL IN ROSA UND GOLD

DER FRÜHLING LIEFERT uns viele Blüten in Goldgelb und Rosa, vor allem in zartem Hellrosa. In diesem Strauß nehmen die rosafarbenen Mandelblüten (*Prunus triloba*), Bouvardien 'Pink Luck' und die gelbgoldenen Freesien 'Springtime' das Rosa und Gold der kegelförmigen Vase auf. Ergänzt wird die Komposition durch hellgrüne Lärchenzweige (*Salix*).

Material

Bouvardia 'Pink Luck'

Prunus triloba

Freesia 'Springtime'

Salix babylonica

Variante mit *Gelbdolde*

In dieser dichter angeordneten Version werden die goldgelben Freesien durch die üppigen hellgrünen Blätter und Blüten der Stängelumfassenden Gelbdolde (*Smyrnium perfoliatum*) ersetzt. Sie ist, wie auch Frauenmantel (*Alchemilla mollis*), eine schöne Ergänzung zu allen rosafarbenen, gelben, roten oder blauen Blüten. Glanzlicht dieses Straußes sind die weißen, rosa überhauchten Anemonen.

ARRANGIEREN DER BLÜTEN

• Ein Frischhaltemittel ins Wasser geben, um die Haltbarkeit der Blumen zu verlängern. Die Bouvardien nehmen das Wasser besser auf, wenn Sie etwas heißes Wasser hinzufügen.

• Zuerst werden die rosafarbenen Blüten angeordnet. Gestalten Sie aus den Mandelblüten einen lockeren Kopf, der sich über die Vase erhebt. Dann die Bouvardien auf der mittleren Ebene arrangieren.

• Als untere Ebene ein goldenes Band aus üppigen, duftenden Freesien stecken. Wenn ihre kräftige Farbe durch Gold an der Vase verstärkt wird, umso besser.

ARTISCHOCKEN-KORB

DIESER KORB aus geflochtenen Palmblättern erinnert an eine Artischocke (*Cynara scolymus*), seine höckrige Struktur an die Schichten von Deckblättern, die das »Herz« oder die eigentliche Blüte umgeben. Im Korb sind Samenkapseln von Schlaf-mohn (*Papaver somniferum*), Mannstreu-Blüten (*Eryngium*) und unterschiedlich reife Artischocken zu einem niedrigen Arrangement kombiniert, das auch als Tafelaufsatz dienen kann.

GESTALTUNG

• Da Mohnblätter kurzlebig sind, werden sie weggelassen oder entfernt, wenn sie welken.

• Artischocken sind schwer, deshalb sollte man sie – für sicheren Stand – in flachen Gestecken wie diesem verwenden.

• Bis auf die Mohnblätter trocknet das ganze Material, wenn Sie es im Korb lassen, nachdem das Wasser weg ist.

• Die Schlafmohnsorte 'Hen and Chickens' sieht besonders hübsch aus und kann die einfachen Mohnkapseln ersetzen.

Material

Cynara scolymus

Eryngium alpinum

Papaver somniferum

Variante mit *Windlicht*

Eine fast offene Artischocke neh-men, den Stängel entfernen und die Frucht von unten aushöhlen. Genug Fleisch lassen, um die Blätter zu halten. Alle Blätter ent-fernen, die über die Flamme ragen. Ein Teelicht in einem flachen Glas hineingeben.

DUFTENDE SCHALE

PERFEKT ZUR PORZELLANSCHALE passen die Blumen dieses Arrangements. Vollkommen ist auch die Duftkomposition, die sich aus dem köstlichen Duft von Flieder (*Syringa*), Schneeball (*Viburnum tinus*) und Rosen (*Rosa*) zusammensetzt und vom aromatischen Rosmarin (*Rosmarinus*) abgerundet wird. Der Strauß passt ausgezeichnet auf einen niedrigen Tisch.

Variante mit *Gelb*

Warm und gedämpft wirkt das Arrangement mit den ins Rosa gehenden Tönen (*rechts*). Nimmt man statt der rötlich rosa gerandeten Nelke 'Rendezvous' eine hellgelbe Sorte, z. B. die 'Golden Cross' entsteht ein weitaus lebhafterer Eindruck. Gelb leuchtet mehr als jede andere Farbe und frischt die Farben der anderen Blüten regelrecht auf.

VORBEREITUNG

• Alte Schalen wie diese sind oft leicht beschädigt. In eine Schale oder Vase, die einen Sprung hat, sollte ein wasserdichtes Gefäß gestellt werden, damit das Wasser nicht herausrinnt.

• In einer weiten Schale muss man den Stielen Halt geben: Mit Klebemasse Pinholder am trockenen Boden des Gefäßes befestigen und einen Block feuchte Steckmasse darauf setzen.

WAHL DER BLUMEN

• Alle Blätter vom Flieder entfernen, das verlängert die Haltbarkeit (bei Flieder aus Blumenläden ist das oft schon erledigt).

• Möglichst ältere Nelkensorten wählen, die einen köstlichen Duft besitzen, der an Gewürznelken erinnert.

Syringa vulgaris 'Madame F. Morel'

Rosa 'Metallica'

Hedera helix 'Congesta'

Viburnum tinus

Dianthus 'Rendez-vous'

Rosmarinus officinalis

GOLDENE ORCHIDEEN

IN VIELEN KUGELIGEN VASEN scheinen die Blumen sich von selbst zu arrangieren. Da sogar die kleinblütigen Cymbidien kopflastig sein können, dienen ihnen die verholzten Stiele der Bergpalme als Stütze. Sie bringen zugleich ein vertikales Element in den Strauß. Die Patina der Vase glitzert in allen Farben, wobei Grün und Gold dominiert.

ORCHIDEEN ARRANGIEREN

• Jeden Orchideenstiel mit zwei kurzen Baststücken an einen Bergpalmenstängel binden. Da Bast eine eigene Struktur einbringt, wird er nicht versteckt.

• Verblühte Orchideenblüten entfernen, sobald sie zu welken beginnen. Dadurch öffnen sich die Knospen besser.

• Zahlreiche Orchideen halten als Schnittblumen lange. Sie müssen jedoch gut vorbereitet werden *(s. S. 176–178)*. Auf jeden Fall muss man sie vor dem Arrangieren schräg anschneiden, selbst wenn die Stiele beim Kauf im Wasser standen.

Variante mit *Rot*

Hier kontrastiert das Rot der Anemonen mit dem Grün der Orchideen. Da sich diese beiden Farben auf dem Farbkreis *(s. S. 10–11)* gegenüberliegen, verstärken sie einander. Der schwarze Mittelpunkt und der weiße Streifen am Grund der Blütenblätter intensivieren das Rot der Anemonen. Die Anemonen halten sich nicht so lange wie die Orchideen, daher sollte man verwelkte sofort herausnehmen und durch frische ersetzen.

Material

Cymbidium Kings Loch

Chamaedorea seifrizii

ROSENSCHALE

EINE PRÄCHTIGE goldbraune Marmorschale eignet sich ausgezeichnet für ein Arrangement aus einer Blumenart. Hier ist es eine Mischung aus Rosensorten in Pfirsich, Gelb und Rosa, mit gerade genug Farbkontrast, um Aufmerksamkeit zu erregen. Die Bonbonfarben der Rosen sind anregend und ihr Duft ist betörend. Dieses üppige Gesteck sieht z. B. bei einer Taufe – neben dem Taufbecken – zauberhaft aus.

DIE SCHALE GESTALTEN

● Bei schweren Gefäßen ist es oft am besten, sie vor Ort zu füllen.

● Einen Pinholder mit Knetmasse in der Schale befestigen, eine 4 cm dicke Schicht feuchte Steckmasse darauf stecken.

● Die Schale soweit mit Wasser füllen, dass die Steckmasse bedeckt ist.

● Um die Haltbarkeit zu verlängern, jede Rose schräg anschneiden und leicht klopfen *(s. S. 178)*. Dann halten die Blüten in der Regel eine Woche.

● Die Rosen so in der Schale arrangieren, dass die Farbverteilung zufällig erscheint, aber dennoch ziemlich gleichmäßig ist.

● Blumen für besondere Anlässe müssen nur einige Stunden perfekt aussehen. Kaufen oder schneiden Sie deshalb einige Tage zuvor Rosen, die sich gerade öffnen.

● Im Sommer würde dieses Gesteck mit voll erblühten Päonien *(Paeonia)* fantastisch aussehen, im Herbst mit Hortensien.

Material

Rosa 'Vivaldi'   Rosa 'Bo'   Rosa 'Candy Bianca'   Rosa 'Gold Strike'   Rosa 'Pistache'

LÄNDLICHER STIL

DIE GESCHWUNGENEN LINIEN dieser rustikalen Keramikgefäße machen sie zu dekorativen Vasen. Ihre cremefarbene Glasur passt ausgezeichnet zu Frühlingssträußen aus scharlachrot gestreiften Tulpen (*Tulipa* 'Carnaval de Rio'), leuchtend gelben Hyazinthen (*Hyacinthus orientalis*) und den zarten Blüten der Märzenbecher (*Leucojum vernum*).

Material

Hyacinthus orientalis 'City of Haarlem'

Tulipa 'Carnaval de Rio'

Leucojum vernum

ARRANGIEREN DER BLUMEN

• Das Anordnen der Blumen in Gefäßen mit einer weiten Öffnung ist mitunter schwierig. Erleichtern Sie sich die Arbeit, indem Sie einen Pinholder mit Klebeknet am Boden des Gefäßes befestigen, um die ersten Stiele zu fixieren.

• Da Tulpen in der Vase noch einige Tage weiterwachsen und dabei länger werden, sollten sie zu Anfang kürzer als gewünscht geschnitten werden.

• Tulpen entwickeln beim Wachsen bizarre Formen. Wenn sie zu sehr »ausufern«, über Nacht in Zeitungspapier einrollen und in Wasser stellen. Auf diese Weise werden die Stängel wieder gerade *(s. S. 179)*.

• Hyazinthenstängel geben klebrigen Saft ab, der unerwünschte Bakterien zum Wachstum anregt. Wenn Sie etwas Frischhaltemittel ins Wasser geben, wird der Saft neutralisiert.

ERNTEKORB

OBST, GEMÜSE und Büschel getrockneter Blumen
quellen aus diesem Henkelkorb – eine appetit-
liche Tischdekoration während der Herbst-
zeit. An der Luft getrocknete Blüten von
pinkfarbenen Päonien (Paeonia),
rötlichen Rosen (Rosa) und blauem
Lavendel *(Lavandula)* gesellen
sich zu den aparten Grüntönen
von Hopfen *(Humulus)*, Weizen
(Triticum) und Artischocken
(Cynara). Die Pflanzen bilden
am Korbrand eine dekorative,
dauerhafte Manschette für den
wechselnden frischen Korbinhalt.

DEN KORB SCHMÜCKEN

• Verwenden Sie einen Korb mit weitem
Geflecht, damit Sie die Drähte der gedräh-
teten Pflanzen nach innen durchstecken
können. Dort werden die Enden verdrillt.
• Drahten Sie alle Blumen, den Hopfen
und Weizen in Büscheln, die Artischocken
einzeln drahten.
• An einer Ecke beginnen und nach und
nach die Pflanzenbüschel und die einzelnen
Artischocken am Korb befestigen. Stecken

Sie die Büschel überlappend, aber lassen
sie auch Teile vom Korb frei.
• Die Drahtenden im Korb verdrillen und
in das Korbgeflecht stecken, damit sich
niemand an herausragenden Spitzen
verletzt oder das Gemüse beschädigt wird.
• Wenn Sie die Seiten dekoriert haben, ist
der Korb bereit für eine Menge herrlicher
Früchte und Gemüse. Damit er auch leer
gut aussieht, kann man seine Innenseiten
noch mit getrocknetem Moos verkleiden.

Material | Cynara scolymus | Lavandula angustifolia | Rosa 'Lambada' | Paeonia 'Sarah Bernhardt' | Origanum vulgare | Humulus lupulus | Triticum | Seasonal produce

ABENDGLANZ

DIE SONNENHITZE hat sich gelegt, die Gäste genießen nach einer
ländlichen Traumhochzeit das Abendessen im Freien. Wie eine
Erinnerung an die Sonne wirkt in dieser Atmosphäre das orange-
goldene Arrangement aus Callas *(Zantedeschia)*, Seidenpflanzen
(Asclepias) und Bronzeblättern *(Galax urceolata).* Die Pflanzen
umschmiegen ein gläsernes Windlicht mit einer gelben Kerze.

Material

Asclepias tuberosa

*Zantedeschia
elliottiana*

Galax urceolata

GESTALTEN

• Eine 10 cm tiefe, runde Aluminium-
dose mit feuchter Steckmasse füllen. Für
besseren Halt Pinholder verwenden.
• Eine Kerze auf einen Dorn stecken und
den Glaszylinder darüber stülpen.
• Den Behälter mit Wasser füllen und die

Bronzeblätter leicht überlappend um das
Windlicht arrangieren.
• Für den warmen Goldton Callas in Hell-
gelb, Gold und Blassorange wählen.
• Die Calla-Stiele schräg anschneiden und
in die Steckmasse stecken – nach außen
gewendet und die Blätter überlappend.
• Mit Seidenpflanzen *(Asclepias tuberosa)*
und Bronzeblättern die Lücken füllen.

KRUG MIT SONNENBLUMEN

SONNENBLUMEN UND VAN GOGH gehören einfach zueinander. Für dieses Arrangement, das die atemberaubenden Sonnenblumenfelder Südfrankreichs heraufbeschwört, habe ich einen teilweise glasierten Krug verwendet, ähnlich jenem, in dem Van Gogh seine berühmten Blumen hatte. Neben der ursprünglichen Sonnenblume (*Helianthus*) mit dem Kranz aus hellgelben Blütenblätter um den braunen Mittelpunkt gibt es viele Sorten: groß und winzig, einfach und gefüllt, in Farben von Creme bis Orange, Rot, Rost- und Schokoladenbraun.

MATERIAL VORBEREITEN

• Wenn der Krug innen nicht vollständig glasiert ist, füttern Sie ihn mit Folie aus oder Sie finden ein wasserdichtes Gefäß zum Hineinstellen. Es sollte sehr gut passen, weil es fest stehen muss.

• Sonnenblumen sind kopflastig und müssen gut verankert werden. Verkeilen Sie feuchte Steckmasse auf einigen Pinholdern *(s. S. 172).* Ein enger Krughals hält die Sonnenblumen zusammen.

• Die meisten Blätter der Sonnenblumen entfernen. So halten die Blüten länger.

• Die Rot-Buchen-Blätter *(Fagus sylvatica* fo. *purpurea)* können Sie zu jeder Jahreszeit verwenden. Im Sommer sind sie purpurrot und im Herbst kupferrot.

• Buchenblätter (einfache grüne oder Rot-Buchen-Blätter) mit Glyzerin behandeln *(s. S. 182),* bevor sie verwendet werden. Damit die Blattfarbe nicht schlammig wird, geben Sie am besten etwas Naturfarbe in die Glyzerin-Wasser-Mischung.

• Behandelte Buchenblätter sollten nicht länger als eine Woche im Wasser stehen.

Fagus sylvatica fo. *purpurea*

Helianthus annuus

Helianthus annuus 'Autumn Beauty'

Material

FRÜHLINGSFARBE IM SOMMER

GELB UND BLAU sind die Farben des Frühlings. Dies ist nicht zu übersehen, wenn die goldenen Narzissen unter strahlend blauem Himmel leuchten. Doch auch im Sommer können Sie die herrliche Frühlingsstimmung einfangen, indem Sie Sommerblumen in den entsprechenden Farben zusammenstellen. Ein graues Keramikgefäß ist ideal für die goldgelben Blüten der Sumpf-Wolfsmilch *(Euphorbia palustris),* die vereint sind mit blaulilanen Skabiosen (*Scabiosa lucida*), Jungfer im Grünen (*Nigella damascena* Persian-Jewel-Serie) und dem kräftigen Blau der Hundszunge (*Cynoglossum nervosum*). Und alle blühen zur gleichen Zeit.

FRISCHE PALETTE

• Die Pflanzenauswahl wird durch das Angebot im Laden bestimmt. Kaprizieren Sie sich daher nicht auf bestimmte Blumenarten, allenfalls auf eine Farbpalette. Das so entstehende Arrangement wird oft durch einen Hauch von Improvisation noch interessanter.

• Prächtige blaue Kornblumen, die man fast das ganze Jahr in großen Blumenläden bekommt, können jede der hier gezeigten blauen Blüten ersetzen und das Ergebnis wirkt immer noch frisch und frühlingshaft.

DEN STANDORT BEACHTEN

- Ein Arrangement wie dieses passt gut auf einen Beistelltisch im Flur, wo kaum Platz für ein ausladendes Arrangement ist.
- Beachten Sie nicht nur das Gefäß, sondern auch den Ort, wo es platziert wird. Die höheren Stiele an den Enden dieses Arrangements nehmen die hochgebogenen Kanten des Tischchens auf.

- Überladen Sie Ihr Gefäß nicht. In dieses sehr schmale Gefäß passt nur eine Reihe Blumen hinein.
- Es ist wichtig, bei kleinen Gefäßen häufig Wasser nachzufüllen, vor allem wenn einige Blumenstiele nicht bis zum Boden des Gefäßes reichen.

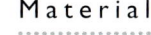

Material

Euphorbia palustris

Scabiosa lucida

Nigella damascena
Persian-Jewel-Serie

Cynoglossum nervosum

TERRAKOTTA-TÖPFE

TERRAKOTTA-TÖPFE BEKOMMEN über die Jahre eine herrlich verwitterte Oberfläche. Die Schlichtheit und Farbintensität von Gerberas passen gut zu diesen Töpfen. Blütenbüschel, die gerade über den Rand ragen, ergeben fantastische und leicht zu schaffende Arrangements für besondere Gelegenheiten. Bleichgefäße, die früher über Rhabarber gestülpt wurden, damit er weiß blieb, sind wunderbare, doch schwer erhältliche Gefäße für solche Gestaltungen.

Material

Gerbera jamesonii (kleine Sorte)

Gerbera jamesonii (mittelgroße Sorte)

Gerbera jamesonii (große Sorte)

Variante mit *Pink*

Gerberas haben prächtige Strahlenblüten, die in jeder Jahreszeit schön aussehen. Der Blumenhandel bietet sie das ganze Jahr über in vielen leuchtenden Farben an. Im Frühjahr verwenden Sie Gelb, Creme und Weiß, im Sommer kräftiges Rot und Pink, im Herbst Orange, Dunkelrot und Rotbraun. Kontrastfarben verstärken einander (s. S. 10–11): In dem kleineren Arrangement hier leuchtet eine auffällige Kombination aus Pink und Orange. Suchen Sie nach Gerberas mit dunklem Mittelpunkt, sie ziehen immer die Blicke auf sich.

TERRAKOTTA VERWENDEN

• Da Bleichgefäße luftdurchlässig waren, sind sie nicht wasserdicht und müssen mit einem Einsatz versehen werden.

• Am besten füllt man das Bleichgefäß weitgehend mit Ziegelsteinen auf und stellt darauf ein Gefäß, dessen Rand etwa 5 cm unter der Oberkante endet.

• Unglasierte Terrakotta-Töpfe sind porös, man sollte sie daher wasserdicht mit Folie ausschlagen.

• Die Gerberablüten sollten nur gerade über den Gefäßrand ragen. Die Stängel müssen aber tief im Wasser stehen.

ZINNIENKÖRBE

ZINNIEN BESITZEN sehr reizvolle Strahlenblüten, die es in einer Vielfalt lebhafter Farben gibt. Besonders hübsch ist der Kranz von kleinen gelben Staubgefäßen um den Mittelpunkt. Die Zinnien sehen so hinreißend, dass man ihnen ihre Kurzlebigkeit vergeben muss. Eigenartigerweise üben die schnell vergänglichen Blütenschönheiten einen ganz besondern Reiz auf uns aus. Das trifft auch auf die Teerosen (*Rosa*) zu oder die zarten Duft-Wicken (*Lathyrus odoratus*), die Maiglöckchen (*Convallaria majalis*) und die Gardenien.

Variante mit *Dahlien*

Das rustikale Aussehen dieses einfachen Korbes macht ihn auch für viele andere Blumen geeignet, beispielsweise für die zahlreichen einfachen oder halbgefüllten Dahliensorten. Dahlien halten bis zu einer Woche – und sie blühen bis weit in den Herbst hinein im Garten. Wie bei den Zinnien muss man auch hier den Korb mit Plastikfolie auskleiden und feuchte Steckmasse hineingeben.

Material

Zinnia elegans

GESTALTEN DER KÖRBE

● Gefäße in passender Größe in die Körbe stellen oder mit Folie ausfüttern. Dann feuchte Steckmasse hineinlegen.

● Blüten so arrangieren, als ob sie in den Gefäßen wachsen. Die hellgrünen Blätter der Zinnien bilden eine attraktive Grundlage, aus der die Blüten ragen können.

● Statt mit Schnittblumen können Sie die Körbe – wie einen Blumenkasten – auch mit Topfpflanzen bestücken.

KÜRBISGESTECK

EIN KÜRBIS ALS BLUMENVASE ist mal etwas Anderes, aber wunderschönes. Hier vereinen sich in einem mittelgroßen, leuchtend orangefarbenen Kürbis Paprika (*Capsicum*), rosafarbene Anemonen, *Leonotis leonurus* und hellgrüne Chrysanthemen zu einem aparten Arrangement. Halt und eine füllige Basis liefert der als Manschette arrangierte Kohl (*Brassica*). In kleine Zierkürbisse gesetzte Teelichter schaffen in diesem ästhetischen Reigen aus leuchtendem Orange, sattem Grün und klarem Weiß eine heimelige, gefühlvolle Atmosphäre.

KÜRBISSE GESTALTEN

• Für die Kerzenhalter kleine Zierkürbisse so weit aushöhlen, dass ein Teelicht hineinpasst. Um sicheren Stand zu schaffen, die Basis gerade schneiden.

• Den großen Kürbis so weit wie möglich aushöhlen. Ein passendes Gefäß hineinstellen oder ihn mit Folie auskleiden. Feuchte Steckmasse hineingeben und die Blumen arrangieren. Das Arrangement gut feucht halten.

Material

Capsicum frutescens

Chrysanthemum 'Shamrock'

Anemone x hybrida

Leonotis leonurus

Brassica oleracea 'Tokyo'

NUANCEN IN GRÜN

ARRANGEMENTS GRÜN IN GRÜN macht man selten, doch Grün wirkt so reizvoll wie jede andere Farbe. Es ist in der Landschaft allgegenwärtig und vielleicht die ruhigste aller Farben. Das frische Grün der Muschelblume (*Moluccella laevis*) und das lichte Chartreuse einer *Cymbidium*-Orchidee werden in diesem Arrangement durch den Hauch von Rot der Johannisbeere aufgepeppt. So kommen die verschiedenen Grünnuancen besonders gut zur Geltung.

Moluccella laevis

Allium aflatunense

Ribes rubrum

Cornus alba 'Elegantissima'

Cymbidium Thurso

Variante mit *Grün*

Nimmt man die aufhellenden *Cymbidium*-Orchideen heraus, verliert das Arrangement seine Frühlingsfrische und bekommt eine ruhigere, harmonischere Stimmung. Grün ist auf der kühlen Seite des Farbkreises (s. S. 10–11), doch die Naturfarbe der alten Kupferschale sorgt dafür, dass die Grundstimmung erfrischend, aber nicht kalt ist.

GESTALTUNG

● Da diese Schale flach und breit ist, Pinholder mit Knete fixieren und ein flaches Stück feuchte Steckmasse befestigen.
● Die Johannisbeerzweige zum Schluss so einstecken (*Ribes rubrum*), dass die Früchte durchs Laub schimmern.
● Achten Sie darauf, dass die Schale stets bis zum Rand mit Wasser gefüllt ist, denn die Pflanzen in diesem Arrangement »schlucken« sehr viel Wasser.
● Alle Pflanzen in diesem Arrangement halten in der Regel mehr als eine Woche.
● Entfernen Sie regelmäßig alle welken Orchideenblüten.

GESTREIFTE BLÜTEN

DIESE ELEGANTE italienische Vase hat eine bogenförmige Öffnung, die das Arrangieren von Blumen leicht macht. Für den Alltagsgebrauch ist sie wohl ein wenig groß, doch ideal für eine Party. Hier strömt eine Vielfalt an Pflanzen – gestreifte Blüten in Orange, Pfirsich, Pink und Gelb, zusammen mit apricotfarbenen Beeren – aus der Vase heraus.

Material

Ilex verticillata

Hippeastrum 'Masai'

Tulipa 'Flaming Parrot'

Rosa 'La Minuette'

DEN STRAUSS GESTALTEN

• Die größten Blüten und längsten Stiele zuerst in der Vase platzieren. So lässt sich leichter der gewünschte ausgewogene, runde Umriss des Straußes erreichen.

• Die Tulpen weitgehend außen und fast kranzförmig platzieren. Dann können die Stiele ihre bizarren Formen beim Weiterwachsen in der Vase schön entfalten.

• Die hohlen Stiele der Amaryllis vor dem Arrangieren mit Wasser füllen *(s. S. 178)*, um die Haltbarkeit zu verbessern.

• Die Zweige der Amerikanischen Winterbeere *(Ilex verticulata)* ausgewogen in dem Strauß verteilen. Ihr strahlendes Goldgelb bringt Ruhe in die Fülle der gestreiften, gefleckten und gesprenkelten Blüten.

MARITIME TISCHDEKORATION

EIN BLUMEN-ARRANGEMENT kann einem Stillleben ähneln, wenn wir eine Art Bild gestalten. Muscheln, die oft auf Blumen-gemälden des 17. Jahrhunderts zu sehen sind, passen hier ausgezeichnet. Auf einem Esstisch wirkt diese Kreation mit Seesternen, Muscheln und Hortensien besonders dekorativ. Andere Pflanzen eignen sich auch.

Variante auf einem *Holztablett*

Ein Tablett aus rohem Holz mit Griffen aus Seil ist ein hervor-ragendes Gefäß für ein trockenes Sand-Arrangement mit unter-schiedlich großen Muscheln und Schwämmen. Löcher und Ritzen des Tabletts mit Klebeknet verstopfen. Dreiviertel hoch mit Vogel-sand füllen und dabei sanfte »Dünen« als Untergrund für die Muscheln und Schwämme formen. Die meisten von uns sammeln während der Ferien am Strand Muscheln und Korallenstücke, obwohl dies manchmal illegal ist. Vielleicht möchten Sie Ihre Sammlung durch einige Käufe vervollständigen, doch oft werden in Läden mit maritimen Kuriositäten auch bedrohte Arten ver-kauft, die lebend gefangen wurden. Versuchen Sie daher Läden zu finden, die alte Sammlungen anbieten.

GESTALTUNG DES STRANDBILDES

• Verwenden Sie am besten ein glattes weißes Keramiktablett – 40 cm × 30 cm groß. Gestalten Sie das Arrangement an seinem endgültigen Platz, da der Sand beim Bewegen verrutscht.
• Häufen Sie Aquariensand in Bogenform an, damit er die Küstenlinie bildet und gießen Sie vorsichtig Wasser ein.
• Muscheln und getrocknete Seesterne so verteilen, dass sie von überall gut wirken. Einige kleinere Muscheln unter Wasser legen.
• Platzieren Sie die Blüten so, dass ihre Stiele im Wasser sind. Stranddistel (*Eryngium*) oder jede andere Küstenpflanze passen.

Material

Hydrangea paniculata 'Praecox'

ÜBERQUELLENDE KÖRBE

DIE AUSDRUCKSKRAFT von Arrangements lässt sich verstärken, indem man mehrere Gefäße zusammenstellt. Hier sind ein Picknick- und ein Flaschenkorb kombiniert. Der kleine Korb verleiht dem Arrangement Tiefe. Der große Korb ist mit Baumwürger *(Celastrus)*, wilden Äpfeln *(Malus)* und Spindelstrauch *(Euonymus)* gefüllt, der kleinere enthält ebenfalls Baumwürger und Zweige mit Hagebutten.

Material

*Rosa
rugosa*
(Hagebutten)

Celastrus orbiculatus

*Malus x
robusta* 'Red Sentinel'

Malus 'John Downie'

Euonymus alatus

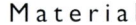

Ilex verticillata

GESTALTEN DER KÖRBE

● Den Picknickkorb dick mit Folie auskleiden und diese seitlich festkleben.

● Am Boden des Korbs feuchte Steckmasse verkeilen.

● Mit den senkrechten Zweigen links beginnen, dann nach rechts mit den flacheren Zweigen weitermachen. Die schweren Apfelzweige gut in der Steckmasse verankern.

● In den Flaschenkorb vier Gläser mit Wasser stellen und die Hagebuttenzweige leicht asymmetrisch anordnen.

● Einige Ranken Baumwürger zugeben, eine davon um den Henkel winden. Eine andere sollte weit aus dem Korb ragen.

FOLIENVASE

DIE KUGELVASE AUS GLAS ist mit einem bunten Folien-Patch-work ausgekleidet, das neben glänzendem Silber die Farben Grün, Schwarz, Orange und Pink aufweist. Dazu passend sind die Blumen gewählt: die Tulpen 'Estella Rijnveld' mit pinkfarbenem Muster, die Beeren zweier Efeu-Arten, die einen grün, die anderen fast schwarz, setzen die Akzente. Der silbrige Ginster (*Cytisus*) spiegelt die Silberfolie wider. Die Pflanzen sind so ange-ordnet, dass der Umriss locker, aber rund wirkt. Der Strauß passt gut auf ein Glas- oder Metallregal.

Material

Cytisus multiflorus

Tulipa 'Estella Rijnveld'

Hedera helix canariensis 'Gloire de Marengo'

Hedera helix fo. *poetarum* 'Poetica Arborea'

Variante mit *Fritillaria*

Die pflaumenfarben und weiß gefleckten Schachbrettblumen (*Fritillaria meleagris*) passen gut zur Folienvase. Obwohl sie empfindlich aussehen, halten sie sich etwa sechs Tage lang, wenn man Blüten nimmt, die sich gerade öffnen (*s. S. 176*).

PRAKTISCHE TIPPS

• Vasen mit Innendekoration muss man mit wasserdichter Folie auskleiden oder mit einem Einsatz versehen.
• Tulpen wachsen in der Vase weiter. Obwohl man sie manchmal ein bisschen zurückschneiden muss, wenn sie zu sehr in die Höhe schießen, ist die bizarre Linienführung ihrer Stängel sehr attraktiv.
• Viele Schnittblumen lassen frühzeitig die Köpfe hängen, wenn sie mit Tulpen in einer Vase stehen, doch der hier gezeigte Strauß hält sich recht lange.

FRÜHSOMMER-STRAUSS

DER ÜBERGANG vom Frühjahr zum Sommer ist eine der reichsten Zeiten des Blumenjahres. Eine Fülle von Pflanzen blüht auf und der Frühsommer-Himmel verstärkt die Blütenfarben. Zu den Schönheiten dieser Periode zählen Salomonssiegel (Polygonatum) und Schneeball (Viburnum macrocephalum) – beide Weiß mit etwas Grün. Sie sind in dieser geätzten Glasvase mit hellblauem Rittersporn kombiniert. Der blaue Hintergrund bringt das Blütenblau so richtig zum Leuchten. Ein Hintergrund in Grün, Gelb oder Weiß ist aber genauso attraktiv.

AUSWAHL DER VASE

• In einer konischen Vase lassen sich Sträuße besonders leicht arrangieren. Die Blüten und das Laub fallen darin fast von selbst dekorativ und gefällig nach außen.

• Achten Sie darauf, dass die Stängel des Salmomonssiegels (Polygonatum) nach außen gerichtet sind, damit die weiß-grünen Blütenglöckchen-Reihen gut zu sehen sind.

• Um die Haltbarkeit der Schneeball-Blüten zu verlängern, entfernen Sie die meisten unteren Blätter, bevor Sie die Stiele in der Vase arrangieren. Außerdem dominieren so die Blätter nicht zu stark in diesem Strauß.

Material

Viburnum macrocephalum

Delphinium 'Lord Butler'

Polygonatum x hybridum

BAMBUS-DREIFUSS

DIESES BESTECHEND EINFACHE Arrangement erinnert an einen japanischen Wassergarten. Ein Bambus-Dreifuß trägt eine dunkel glasierte Schale, in der eine bernsteinfarbene Chrysantheme und Schwarz-Kiefer-Zweige (*Pinus nigra*) treiben. Daneben nimmt eine größere ähnliche Schale die Komposition auf. Die Größe von Dreifuß und Schale kann variieren, das Pflanzenmaterial wird durch die Jahreszeit bestimmt.

GESTALTEN

• Für einen Dreifuß zu einer Schale von 25 cm Durchmesser brauchen Sie drei Bambusstäbe von 1,5 cm Durchmesser und 43 cm Länge.

• Mit einer kleinen Säge ein Ende jeden Bambusstabs schräg anschneiden, und zwar an einem Knoten des Bambus, um ein Splittern zu verhindern. Das andere Ende gerade abschneiden.

• Mit Blumendraht die Stäbe 20 cm über dem Boden zusammenbinden. Die Stäbe auseinander biegen, dass jeder im rechten Winkel zum anderen steht und festbinden.

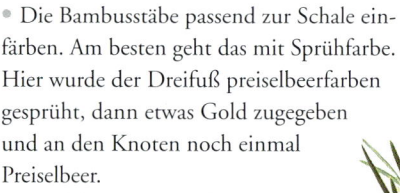

• Die Bambusstäbe passend zur Schale einfärben. Am besten geht das mit Sprühfarbe. Hier wurde der Dreifuß preiselbeerfarben gesprüht, dann etwas Gold zugegeben und an den Knoten noch einmal Preiselbeer.

• Ein dekoratives Band über den Draht binden.

• Blumen wählen, die im Wasser treiben und sich dort lange halten, z. B. Anemonen, Begonien, Chrysanthemen, Dahlien oder Kamelien.

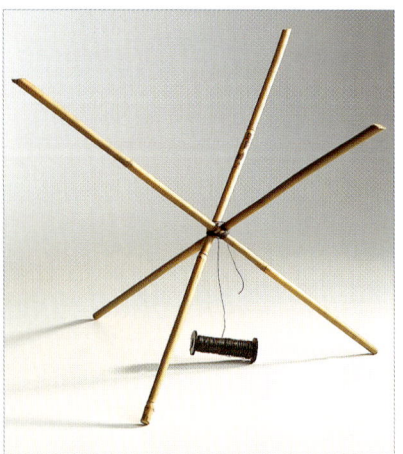

Material

Pinus nigra

Chrysanthemum 'Tom Pearce'

Blumen unter Wasser

Rosa 'Blue Curiosa'

Allium giganteum

Eustoma grandiflorum Heidi-Serie

Eustoma grandiflorum Heidi-Serie

Paeonia 'Red Charm'

Nigella damascena var.

WIE SCHWERELOS werden Blüten von Rose, Päonie, Prärieenzian, Jungfer im Grünen (*Nigella damascena* var.) und Riesen-Lauch (*Allium giganteum*) unter Wasser in einer umgekehrten Pyramide aus Gläsern vergrößert und reflektiert.

GESTALTUNG

● Soll das Arrangement lange halten, verzichten Sie auf den Riesen-Lauch, denn er trübt das Wasser in wenigen Tagen.
● Nehmen Sie eine große Kugelvase von etwa 35 cm Höhe, in die zehn oder elf Bechergläser passen, am besten mit Schliff, da sich in ihnen das Licht besser bricht.
● Die Vase Dreiviertel mit Wasser füllen.
● Die Stiele jeweils direkt unter der Blüte abschneiden. In jedes Glas eine Blume stecken – mit dem »Gesicht« nach oben.

● Die Gläser mit Wasser füllen.
● Die Gläser in der Vase unter der Wasseroberfläche so drehen, dass ihre Ränder nach außen zeigen. Die ersten drei in einem 45-Grad-Winkel zum Boden vorsichtig verkeilen, dann die anderen darauf stapeln. Dabei die Blüten nochmal so zurechtrücken, dass sie aus dem Glas »herausschauen«.
● Eine Auswahl der restlichen Blüten auf der Wasseroberfläche treiben lassen.

LEBHAFTE BLAUTÖNE

IN DIESE VIELFARBIGE matt glasierte Vase passen die Vergißmeinnicht (*Myosotis sylvatica*) mit ihren himmelblauen Blütchen ausgezeichnet. Und dazwischen leuchtet warm das fast schon ins Violett gehende Blau des Schwalbenwurz-Enzians (*Gentiana asclepiadea*). So ein schlichtes Arrangement sieht sehr gut zu modernen Möbeln aus, z. B. auf einem Beistelltisch aus Glas, Stein oder Metall. Im Freien hält es sich besonders lange, sollte jedoch ins Haus gebracht werden, wenn Frost angesagt ist.

WAHL DES MATERIALS

• Im Winter, wenn das frische Grün in Natur und Garten rar ist, findet man aber immer noch häufig Lärchenzweige *(Larix decidua)*. Wenn die anderen Pflanzen des Straußes welk sind, die Zweige in Wasser draußen aufbewahren. Sie halten Monate und können wieder verwendet werden.

• Die Vergißmeinnicht-Blüten halten sich nach dem Schneiden nicht lang. Bei kühler Temperatur jedoch, vor allem im Freien oder in einem Vorbau, wo man sie beim Hinaus- und Hereingehen sieht, zeigen sie etwa fünf Tage lang ihre vollendete Schönheit. Da ihre fleischigen Stiele nicht sehr lang sind, muss man häufig Wasser nachfüllen, damit alle Stiele im Wasser stehen.

• Der Schwalbenwurz-Enzian blüht im Sommer, ist im Handel aber fast das ganze Jahr über erhältlich. Er hält länger, wenn man vor dem Arrangieren die Blätter weitgehend entfernt und dann immer sofort alle welken Blüten abzupft.

Variante mit *Schneeball*

Kühler und heiterer wirkt der Strauß, wenn man die leuchtend blauen Enziane durch die grünlich-weißen Blüten des Schneeballs (*Viburnum macrocephalum*) ersetzt. Die Blätter des Schneeballs sind weitgehend entfernt worden. Dadurch halten sich nicht nur die Blütenköpfe viel länger, sondern der Strauß wirkt so auch geordneter und damit ruhiger. Wegen der empfindlichen Vergißmeinnicht hält sich auch dieser Strauß am besten draußen im Kühlen.

Material

Larix decidua

Gentiana asclepiadea

Myosotis sylvatica 'Music'

FRISCHES GRÜN UND WEISS

SCHLICHTHEIT IN FORM und Farbe kennzeichnet dieses Arrangement. Reinweiße Lilien (*Lilium*), weißer Rittersporn (*Delphinium*), creme-smaragdfarbene Callas (*Zantedeschia aethiopica* 'Green Goddess'), grüne Flamingoblumen (*Anthurium* 'Midori') und frische Lärchenzweige (*Larix decidua*) stehen in einem großen irdenen Gefäß. Dessen Oberfläche sieht aus, als ob sie mit Flechten bedeckt sei. Der Strauß kann sich auf jeder Hochzeit »sehen lassen«, in der Kirche oder zu Hause.

LILIEN VERWENDEN

• Madonnenlilien (*Lilium candidum*) gibt es nur kurze Zeit, *Lilium longiflorum,* die man das ganze Jahr über im Blumenhandel bekommt, ist ein guter Ersatz.

• Lilien sind berühmt für ihren Duft, doch er variiert von Art zu Art. Madonnenlilien haben einen süßen Duft, während andere würzig oder aromatisch duften. Manche riechen sogar recht unangenehm.

• Entfernen Sie von den Lilien unbedingt die Staubbeutel, wenn jemand mit seiner Kleidung daran anstreifen könnte. Der dunkelgelbe Lilienpollen hinterlässt auf Stoff sofort schwer entfernbare Flecken. Am besten Einmal-Handschuhe anziehen und die Staubbeutel greifen und auf sich zu ziehen. Sie lösen sich leicht vom grünen Staubfaden. Lassen Sie die Narbe in der Mitte der Blüte unverletzt stehen.

• Das Arrangement braucht viel Wasser.

Variante mit *Fingerhut*

Die giftigen Fingerhüte (*Digitalis*) blühen zur gleichen Jahreszeit wie die Madonnenlilien. Es gibt reinweiße Sorten von Fingerhut, die fantastisch zu den anderen weißen Blumen des Gestecks aussehen würden. Andererseits bekommt das Gesteck mit einigen Stielen des bekannteren rosa-farbenen Fingerhuts mit den purpurnen Tupfen im Inneren einen anderen rustikaleren Charakter. Sie passen auch gut zur Oberfläche der Vase.

Material

Anthurium 'Midori'

Delphinium 'Sandpiper'

Lilium candidum

Zantedeschia aethiopica 'Green Goddess'

Larix decidua

Duftender Blumenball

Zwei typische Bauerngarten-Pflanzen sind in diesem Arrangement vereint: Reseda (*Reseda odorata*) und Ringelblume (*Calendula officinalis*). Das Tieforange der Ringelblumen passt gut zu den orangefarbenen Staubbeuteln der Reseden. Die Glasschüssel zeigt die schlanken Stiele. Dieser aparte Tischschmuck verbreitet einen herrlichen Duft.

Haltbarmachen

• Von den Stielen der Reseden alle Blätter entfernen. Diese knifflige Aufgabe lohnt sich, da sie sehr schnell verrotten.

• Wasser jeden Tag wechseln. Die Blumen stehen sehr eng, daher kann man sie beim Abgießen des Wassers problemlos mit einer Hand halten. Immer etwas Frischhaltemittel ins Wasser geben.

• Reseden besitzen einen verführerischen Duft, es ist eine Mischung aus Veilchen, frischem Heu und Duftwicken. Im Gegensatz zu anderen Blumen bewahren auch getrocknete Reseden ihren typischen intensiven Duft. Es lohnt sich also, sie zu behalten, wenn der Strauß seinen Höhepunkt überschritten hat. Man knipst dann die Blüten ab und legt sie mit anderen Blütenblättern zum Trocknen in eine Schale. So eine Mischung duftet noch viele Wochen.

• Ringelblumen und Reseden lassen sich im Garten oder in größeren Balkonkästen leicht aus Samen ziehen. Ringelblumen helfen, Blattläuse fern zu halten.

Variante mit *Orchideen*

Ein etwas wilderes und exotischeres Arrangement entsteht, wenn die Ringelblumen durch zarte Orchidee ersetzt werden – hier sind es die gelben Blütchen der *Dendrobium*-Sorte 'Golden Showers'. In diesem Arrangement bilden die Reseden eine niedrige, dichte Oberfläche nahe am Schüsselrand, die von den Orchideenstängeln durchbrochen wird. Sie ragen hoch aus der Schüssel und neigen sich nach unten über die Resedenblüten.

Reseda odorata

Calendula officinalis
'Indian Prince'

TROPISCHE ANEMONEN

Material

Anemone coronaria
De-Caen-
Gruppe

*Areca
lutescens*

DIESE HERRLICH ROTEN Anemonen (*Anemone coronaria* De-Caen-Gruppe) und Wedel der Goldfruchtpalme (*Chrysalidocarpus/Areca lutescens*) sehen in den Glasvasen elegant aus. Sie passen gut auf einen Beistelltisch im Flur oder Wohnzimmer. Anemonen-Saison ist von März bis Juni, es gibt sie aber fast das ganze Jahr über im Blumenhandel.

DEN STRAUSS GESTALTEN

• Drei gleich oder auch unterschiedlich geformte Glasvasen mit Wasser füllen und dicht nebeneinander platzieren.

• Arrangieren Sie die Palmwedel in den drei Vasen so, dass sie prächtig und voll aussehen, die Vasen aber nicht vollgestopft wirken.

• Kürzen Sie drei oder vier Anemonenstiele und stecken Sie die Blüten unterschiedlich tief in die Vasen zwischen die Palmwedelstängel. Vorsichtig vorgehen, um die Blütenblätter nicht zu verletzen.

• Fügen Sie zum Schluss die aufrechten Anemonenstiele hinzu.

Variante mit *Orchideen*

Mit denselben drei Vasen und den Palmwedeln erzielen sie eine weichere Wirkung, wenn Sie gelbblühende Orchideen, z. B wie hier *Oncidium flexuosum*, verwenden. Sie halten recht lange, ihre zarten Blüten dürfen Sie jedoch nicht wie die robusteren roten Anemonen unter Wasser tauchen.

WEIHNACHTS-FÄCHER

DIE SILBERNE VASE in Form einer gedrückten Kugel schreit förmlich nach einem dramatischen Arrangement. Hier ist es ein dichter Bogen aus Zypergras (*Cyperus alternifolius*), der aussieht wie der Haarschnitt der Irokesen. Zwischen dem »stacheligen« Grün stecken winzige Chilischoten (*Capsicum*). Mit seiner nadeligen Struktur und dem Farbkontrast von Rot und Grün wäre dies ein idealer Weihnachtsstrauß.

GESTALTEN

• Etwas zerknüllten Kaninchendraht vorsichtig in die Vase geben. So können Sie mit dem Zypergras leichter die Bogenform der Vase nachvollziehen. Sie können auch einen Pinholder und etwas feuchte Steckmasse am Boden der Vase befestigen.
• Die Zypergrasstiele dicht an dicht in den Maschendraht oder die Steckmasse stecken, auf eine kompakte Form achten. Wenn die Grundform fertig ist, herausragende Blattspitzen abschneiden.

• Die Chili-Stiele so einpassen, dass sie nicht aus dem glatten Grasbogen ragen. Versuchen Sie, eine knallrot leuchtende Sorte zu bekommen. Denn ein Rot, das im Farbkreis dem Grün genau gegenüberliegt (*s. S. 10–11*), betont das Grün der Blätter und das Rot der Chilischoten.
• Die Vase mit Wasser auffüllen.
• Dieses eindrucksvolle Arrangement wirkt am stärksten in einer zeitgenössischen, fast minimalistischen Umgebung.

Variante mit *Zweigen*

Zweige vergrößern das Arrangement, ohne seine klare Form zu zerstören. Hinzugefügt sind hier mit Flechten bedeckte Lärchenzweige (*Larix decidua*), die noch kleine Zapfen tragen. Nachdem Zypergras und Chilis gesteckt sind, können Sie die Zweige einfach dazwischenschieben. Die Enden der Zweige sollten – im Umriss – parallel zum Bogen des Zypergrases verlaufen.

Cyperus alternifolius

Capsicum
Fasciculatum-Gruppe

GERAHMTER TAFELAUFSATZ

EIN HÜBSCHER Bilderrahmen, in den man Früchte und Blumen arrangiert, kann als ungewöhnlicher Tafelaufsatz dienen. Die Kreation hält sich nur kurze Zeit, aber lang genug für eine Dinner-Party. Hier liegen auf einem Farnbett gelbe Rosen (*Rosa* 'Dutch Gold'®), gelbe Mormonen-Tulpen (*Calochortus luteus*) und ein paar Rote Johannisbeeren.

GESTALTUNG

• Nehmen Sie einen Rahmen, der farblich zum verwendeten Pflanzenmaterial passt.
• Ein Stück dunklen Karton auf die Rückseite des Rahmens kleben, damit sich das Ganze nach dem Gestalten bewegen lässt.
• Den Karton mit Farn bedecken, dabei die Spitzen über den Rahmen ragen lassen.
• Von zwei Rosen die Blütenblätter entfernen, um die grünen Kelchblätter zu zeigen. Rosen, Rosenkelche und -blütenblätter und Tulpen auf den Farn geben.
• Die Zwischenräume mit den Trauben der Roten Johannisbeere füllen.

Material

Rote Johannisbeeren

Rosa 'Dutch Gold'®

Polystichum setiferum

Calochortus luteus

Variante mit *Efeu*

Grundlage im vergoldeten Rahmen ist Efeu (*Hedera nepalensis* 'Suzanne'), auf dem Glockenblumen, Blüten und Blätter des Prärieenzians (*Eustoma grandiflorum*) sowie *Nectaroscordum siculum* und *Lamium maculatum* verteilt sind. Heidelbeeren füllen die Zwischenräume. Die Heidelbeeren nicht mit den giftigen Efeubeeren verwechseln!

EXOTISCHER KORB

EIN GEFLOCHTENER Einkaufskorb aus Plastik in bunten Farben lieferte die Inspiration zu diesem lebhaft wirkenden Arrangement. Die feurigen Farben erinnern an Südamerika oder Mexiko. Genau die richtige Wahl sind daher die strahlenden Blüten der Atlasblume (*Clarkia amoena*), die dort beheimatet ist. Ihre Lachs- und Fuchsiatöne prallen so herrlich auf das Orange der Seidenpflanze (*Asclepias curassavica*), die ebenfalls aus Südamerika stammt. Um hier das beste Ergebnis zu erzielen, müssen Sie Mut zur Farbe haben. Auf jeden Fall sollten sie feurig sein!

PLASTIKKÖRBE VERWENDEN

• Einen Ziegelstein auf den Korbboden legen. Das sorgt für sicheren Stand.
• Den Korb mit Plastikfolie auskleiden und feuchte Steckmasse bis auf 5 cm unter den Rand hineingeben.
• Die Blumen ganz senkrecht arrangieren, damit es aussieht, als ob sie aus dem Korb herauswachsen würden.
• Entfernen Sie die welken Blüten der Atlasblume regelmäßig, dann öffnen sich weiter oben am Stiel mehr Knospen.
• Den Wasserstand häufig kontrollieren und bei Bedarf sofort Wasser nachfüllen.

Material

Asclepias curassavica

Clarkia amoena Grace-Serie

Clarkia amoena Grace-Serie

Clarkia amoena Grace-Serie

Clarkia amoena Grace-Serie

Variante mit *Silber-Brandschopf*

Etwas zurückhaltender wirkt das Arrangement, wenn man die orangefarbenen Seidenpflanzen mit samtigen, leuchtend roten Blumen kombiniert, z. B. wie hier mit dem Silber-Brandschopf (*Celosia argentea Century-Serie*). Die Blätter weitgehend entfernen, da sie schnell verrotten.

Clarkia amoena Grace-Serie

SINFONIE IN ROT UND PINK

Camellia japonica 'Elegans'

Anemone coronaria De-Caen-Gruppe

Tulipa 'Exotic Bird'

IM FRÜHLING gibt es nicht nur Blumen in zarten Pastellfarben, sondern auch ausgesprochen intensiv gefärbte Blüten. Tulpen, Anemonen und Kamelien leuchten in ganz besonders kräftigen Farben. In diesem auffallenden Strauß sind scharlachrote Tulpen mit etwas Schwarz am Grund ihrer Blütenblätter mit purpurroten De-Caen-Anemonen und roten Kamelien in einem spannungsreichen Arrangement vereint.

Variante mit *Orange*

Das Rot der Tulpen, das in der Kombination mit purpurnen Anemonen extrem lebhaft wirkt, erscheint gedämpfter, wenn man statt der Anenomen Milchsterne (*Ornithogalum dubium*) und Kaiserkronen in Orange nimmt. Der Grund: Scharlachrot und Orange liegen auf dem Farbkreis (*s. S. 10–11*) nahe beieinander auf der warmen Seite zwischen Gelb und Rot. Die Gesamtwirkung des Straußes ist zwar noch kräftig, doch nicht so grell.

HALTBAR MACHEN

• Immer Anemonenknospen kaufen, die gerade die Farbe zeigen (*s. S. 176*). Gut vorbereiten, dann bleiben sie sehr lange frisch (*s. S. 176–179*).

• Schnittblumen halten an einem kühlen Platz länger, dies gilt vor allem für Tulpen. Dieses Arrangement hält drei Wochen, wenn man es draußen aufstellt – am besten natürlich an einem Platz, wo man es vom Wohnzimmer oder der Küche aus sehen kann. Kühles Winterwetter schadet den Tulpen nicht, nur Frost zerstört sie.

• Verwelkende Kamelienblüten unbedingt entfernen, da sich die anderen Knospen sonst nur schlecht oder gar nicht öffnen.

• Diese Drahtvase mit Glaseinsatz eignet sich ausgezeichnet für Sträuße.

WEIHNACHTS-EINKAUF

DAS LEUCHTENDE Orangerot einer Einkaufstasche aus Filz ergänzt dieses Winterarrangement perfekt. Dunkelgrüne Stechpalmen *(Ilex)* und rote Hartriegelstängel ragen über den Kranz aus Flamingoblumen *(Anthurium andraeanum)*. Deren elfenbeinfarbene Hochblätter tragen ein rotes Rändchen, während die Kolben fast die Farbe der Tasche besitzen.

DIE TASCHE VORBEREITEN

• Statt der weichen Filztasche können Sie auch einen Korb nehmen.
• Ein wasserdichtes Gefäß in die Tasche stellen. Zerknülltes Zeitungspapier um das Gefäß herum stopfen, um die weichen Taschenwände senkrecht zu halten.

• Einen Block feuchte Steckmasse in das Gefäß geben (eventuell mit Pinholder am Gefäßboden fixieren.)
• Die Hartriegelzweige möglichst tief in die Steckmasse stecken. Sie verleihen so dem ganzen Arrangement guten Halt.

• Die Stechpalmen arrangieren, dabei auf Dreidimensionalität achten.
• Zuletzt die Flamingoblumen – nicht zu gleichmäßig – rund um den Rand stecken,
• Regelmäßig Wasser nachfüllen, dabei immer etwas Frischhaltemittel zugeben.

Material

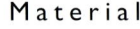

Ilex × meserveae 'Blue Prince'

Cornus alba 'Sibirica'

Anthurium andraeanum 'Fantasia'

Variante mit *Hortensien*

Obwohl Hortensien nicht so markant wirken wie Flamingoblumen, sind die Dolden aus malven- und pinkfarbenen Blütchen eine sehr hübsche Variante. Jede zweite Hortensienblüte ist etwas höher gesteckt. Nicht alle Blüten ruhen hier – wie bei den Flamingoblumen – auf dem Rand. Der Strauß hält mehrere Wochen, wenn Hartriegel und Stechpalme im Wasser stehen. Die Hortensien trocknen mit der Zeit ein (sieht gut aus).

»Doppelvase«

Material

Gaillardia × grandiflora 'Burgunder'

Antirrhinum majus Coronette-Serie

Kniphofia 'C.M. Prichard'

Celosia argentea Olympia-Serie

DIE MARKANTE WIRKUNG dieses Arrangements entsteht durch die gelben und orangefarbenen Linsen, die zwischen zwei ineinander gestellte Glaszylinder gefüllt sind. Aus dem inneren Gefäß ragen Blumen in leuchtenden Farbtönen hervor: Silber-Brandschopf (*Celosia*), Löwenmaul (*Antirrhinum*), Fackellilie (*Kniphofia*) und Kokardenblume (*Gaillardia*). Die Nuancen von Orange, Apricot-Pink und Karmin wirken zusammen besonders lebhaft und verleihen dem Arrangement viel Spannung. Man kann den Strauß natürlich auch in eine einfache Vase stellen, doch die Mühe mit der »Doppelvase« lohnt sich.

FÜLLEN DER GEFÄSSE

● Vor allem in Geschäften, die auf Glaswaren spezialisiert sind, finden Sie in der Regel zwei zylindrische Gläser, die so ineinander passen, dass ein Zwischenraum von etwa 1 cm bleibt.

● Befestigen Sie ein Stückchen Knetmasse auf dem Boden des kleineren Glases und

stellen Sie es in das größere Glas hinein.
Leicht andrücken, damit die Knete haftet.
● Durch einen Trichter die verschieden-
farbigen Linsen in den Zwischenraum
rieseln lassen. Dabei die »Doppelvase«
drehen, damit das Muster entsteht.
● Frischhaltemittel ins Wasser geben und
Abgeblühtes sofort entfernen.

OSTERNEST

EIN MOOSNEST, das mit Eiern und süß duftenden Frühlingsblumen gefüllt ist, stellt ein besonders hübsches Ostergeschenk dar. Pastellfarbene Blüten, darunter rosafarbene und weiße Hyazinthen (*Hyacinthus orientalis* 'White Pearl' und 'Lady Derby'), die Narzissen-Sorte 'Cragford', zartrosa Ranunkeln (*Ranunculus asiaticus*), Zierkohl (*Brassica oleracea*), Christrosen (*Helleborus niger*) und goldgelbe Primeln (*Primula*) umgeben einen kleinen Berg von großen Hühnereiern.

• Sie benötigen ein ovales Plastikgefäß, das tief genug ist, um ein Stück feuchte Steckmasse aufzunehmen und so groß, dass die Eier und Blumen gut hineinpassen.
• Formen Sie aus Kaninchendraht eine feste ovale Basis für das Gefäß.
• Eine Röhre aus Kaninchendraht fertigen und mit Sphagnum füllen. Die Röhre muss lang genug sein, um einen Ring um Gefäß und Kaninchendraht-Basis zu bilden. Den Ring mit Draht an der Basis befestigen.
• Das Äußere des Kaninchendraht-Moos-Rings vollständig mit Teppich und Islandmoos bedecken.
• Das Gefäß mit feuchter Steckmasse füllen.
• Die Eier auf der Steckmasse aufschichten.
• Die Blüten in der feuchten Steckmasse arrangieren, die größeren in Gruppen im Hintergrund platzieren. Lücken zwischen Blüten und Eiern mit Moos füllen.

Variante mit *Gelbtönen*

Diese sonnige Variante lebt von den cremefarbenen, gelben und weißen Blüten. Die beiden rosafarbenen Blumen – Hyazinthen und Ranunkeln – habe ich weggelassen. Hinzugefügt wurden gelbe Hyazinthen und weiße Narzissen. Duftende Mimosenzweige (*Acacia*) verstärken den Frühlingsduft des Gestecks.

Material

Islandmoos

Sphagnum

Hedera

Narcissus 'Cragford'

Hyacinthus orientalis 'White Pearl'

Hyacinthus orientalis 'Lady Derby'

Ranunculus asiaticus Turban Group

Brassica oleracea

Helleborus niger

Primula Polyanthus Group

GEKRÖNTE LILIEN

ATEMBERAUBEND SCHÖN ist die Ruhmeskrone. Sie stammt aus den Tropen und wird fast das ganze Jahr über im Blumenhandel angeboten. Strahlend gelbe Rändchen und eine lindgrüne Basis zieren ihre leicht gewellten, scharlachroten Blütenblätter. Die Spitzen der fast senkrecht nach oben gerichteten Blütenblätter neigen sich weit nach hinten. In diesem Arrangement dürfen die Blütenstiele anmutig über den Korbrand ragen – ideal für einen Beistelltisch oder eine breite Fensterbank. Sanfte Akzente setzen die filigrane Berg-Flockenblume (*Centaurea montana*) und die schöne scharlachrote Indianernessel (*Monarda*).

Material

Gloriosa superba 'Rothschildiana'

Monarda 'Cambridge Scarlet'

Centaurea montana

PRAKTISCHE TIPPS

• Wenn für ein Arrangement ein Korb verwendet wird, stellt man am besten ein gut passendes wasserdichtes Gefäß hinein. Plastikfolie eignet sich zwar auch ganz gut, aber sie kann von Rutenenden im Korbgeflecht oder verholzten Blumenstängeln durchbohrt werden.

• Alle Teile der Ruhmeskrone sind hochgiftig! Verwenden Sie diese Pflanze also niemals als Dekoration für Lebensmittel.

• Der Duft der Indianernessel erinnert an die Bergamotte (*Citrus bergamia*), die den Earl Grey Tee aromatisiert. Wenn Sie zwischendurch ein Blatt reiben, können Sie den angenehmen Duft freisetzen.

Variante mit *Rot und Grün*

Ohne das Blau der Flockenblume kommt das ganze Feuer der Ruhmeskrone zum Tragen. Das Arrangement wirkt so sehr lebhaft, wozu auch die Indianernessel 'Cambridge Scarlet' mit ihren zarten, scharlachroten Blütenblättern ihren Beitrag leistet. Mit seinen warmen Brauntönen passt der Korb ausgezeichnet zu den Rottönen der Blüten.

LEBHAFTE ANEMONEN

KOMBINATIONEN VON FARBEN, die im Farbkreis (*s. S. 10–11*) benachbart oder nahe beieinander liegen, wirken meist harmonisch. Allerdings erzeugt bläuliches Purpur zusammen mit orangefarbenem Rot sehr viel Spannung. In diesem Strauß konkurrieren üppige purpurne Anemonen (*Anemone coronaria* De-Caen-Gruppe) und Prachtscharten (*Liatris spicata*) in bläulichem Rot mit orange-roten Ranunkeln (*Ranunculus asiaticus*). Diese kontrastieren wiederum zu den grünen Anemonen-Blättern. Vor einem Hintergrund in Venezianisch-Rot wirken die Farben aufregend, während die Form des Straußes bewusst einfach gehalten ist.

Variante mit *Gelb*

Hier sind die Glasvase und ähnliche Blütenformen für einen Ton-in-Ton-Effekt verwendet worden. Harmonische Gelbtöne von Dottergelb über Gold bis zu Grüngelb und Creme ergeben ein sonniges Arrangement. Auch dieser Strauß enthält lediglich drei Blumenarten: Islandmohn (*Papaver nudicaule*), Goldrute (*Solidago*) und Prärieenzian.

Material

Anemone coronaria
De-Caen-Gruppe

Ranunculus asiaticus
Turban-Gruppe

Liatris spicata

ARRANGIEREN DER BLÜTEN

• Obwohl dieses Gesteck einfach aussieht, verlangt es sorgfältige Ausführung.
• Stützen Sie zunächst einige der kürzeren Pflanzenstängel fast senkrecht gegen die linke Seite der Vase.
• Fügen Sie weitere Stiele so hinzu, dass Blüten und Blätter genug Platz haben, sich auszubreiten. Die ersten Stiele halten die hinzugefügten an Ort und Stelle.
• Die Stiele der Blüten, die sich gegen die rechte Vasenseite lehnen, sollten so lang sein, dass ihr Ende bis zum Grund der linken Seite reicht und sie dort festhält.

Der Schlüssel zum Erfolg liegt beim Blumenarrangieren im richtigen Umgang mit den Pflanzen. Schon mit wenigen Tricks und Techniken können Sie dauerhaft Freude an Ihren Arrangements haben. Hier erfahren Sie, wie man Blumen vorbereitet,

GEKONNT ARRANGIEREN

damit sie lange halten. Wie Blumen angedrahtet werden können, um bestimmte Formen zu erzielen und welche Möglichkeiten der Konservierung es gibt.

GRUNDAUSSTATTUNG

Keine Sorge, Sie müssen nicht wie bei manchen anderen kunsthandwerklichen Aktivitäten erst einmal viel Geld für eine Grundausstattung ausgeben, um überhaupt loslegen zu können. Beim Blumenarrangieren reicht häufig schon eine Schere und ein Stück Steckmasse. Doch wenn Sie der Ehrgeiz packt und Sie die Vielfalt der zauberhaften Arrangements ausschöpfen wollen, kommen Sie mit den richtigen floristischen Hilfsmitteln einfach viel schneller zum Ziel. Besorgen Sie immer alles, was Sie – außer den Pflanzen – brauchen, bevor Sie mit dem Blumenarrangieren beginnen und legen Sie es griffbereit hin.

Feuchte Steckmasse *für Frischblumen; in Wasser legen und gut vollsaugen lassen*

Trockene Steckmasse *für Trockenblumen-Arrangements (die Masse nimmt Wasser nicht auf)*

Bindehilfe für Kränze – *ist hilfreich für die Fertigung der Kranzbasis; Draht lässt sich leicht hindurchführen*

Schnur *in verschiedenen Farben für Binde- oder Stützzwecke*

Klebstoff *zum Festkleben von Pflanzenmaterialien am Gefäß*

Kerzenhalter *(unten) zum Einstecken in die Steckmasse*

Fleischerhaken *sind praktisch fürs Aufhängen von Blumen-Arrangements*

Vorgefertigte Kranzunterlage *aus Kupferdraht mit feuchter oder trockener Steckmasse*

Pinholder *(oben) oder Steckmassehalter zum Befestigen der Steckmasse am Gefäßboden*

Floristenklebeband *ist wasserfest und haftet ausgezeichnet an glatten, nicht porösen Oberflächen*

Blumenband *zum Umwickeln von Steckdraht*

Durchsichtiges Klebeband *zum Fixieren von Steckmasse in Gefäßen*

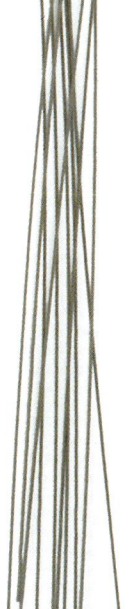

Feiner Steckdraht *zum Andrahten kleiner Blüten oder von Blättern*

Blumen- oder Wickeldraht *eignet sich für verschiedene Binde- und Stützzwecke*

Rosendraht *in Silber oder Gold eignet sich fürs Andrahten zarter Blätter und Blüten oder als Zierdraht*

Mittelfeiner Steckdraht *zum Andrahten mittelschwerer Pflanzenmaterialien*

Floristenschere *zum sicheren Schneiden von Pflanzenmaterial*

Dicker Steckdraht *zum Andrahten von schweren Blüten oder zum Stützen dicker Stengel*

Maschendrahtgeflecht, *meist Kaninchen- oder Hasendraht genannt, ist eine gute Steckunterlage oder Einsteckhilfe*

Teppichmoos *ist ideal zum Verbergen von Steckmasse*

Garten- oder Rebschere *zum Schneiden dickerer verholzter Stängel*

Sphagnum (Sumpfmoos) *zum Auspolstern von Unterlagen aus Kaninchendraht*

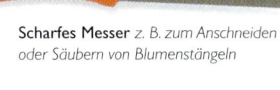

Scharfes Messer *z. B. zum Anschneiden oder Säubern von Blumenstängeln*

Klebepistole mit Spezialkleber *zum Ankleben von Pflanzen und anderen Materialien an Gefäße (die Gebrauchsanweisung genau beachten!)*

Spanisches Moos *gibt es gefärbt (links) oder in Naturform (rechts)*

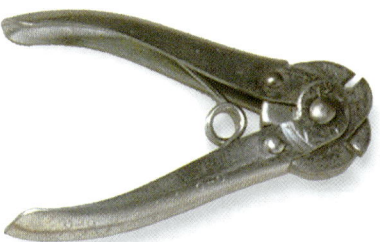

Drahtschere *zum Schneiden von allen Drahtarten*

Moos *kann frisch oder getrocknet verwendet werden*

GEFÄSSE

Unentbehrlich fürs Blumenarrangieren ist ein kleines Sortiment gut geformter Vasen. Rechteckige und trompetenförmige Gefäße sind besonders praktisch, weil man für sie keine Einsteckhilfe, wie Steckmasse, Pinholder oder Kaninchendraht, braucht. Für den täglichen Gebrauch sind Glasvasen sehr günstig. Dekorativ sehen z. B. drei rechteckige Glasvasen aus. Je nachdem wie viele Blumen Sie verarbeiten möchten, können Sie diese Vase einzeln, aber auch ohne weiteres als Gruppe einsetzen.

GEFÄSSTYPEN

Traditionell verwendet man fürs Blumenarrangieren Gefäße aus Glas, Metall, Keramik oder Porzellan, Terrakotta, Sandstein oder Korbgeflecht. Mir gefallen auch »Fundstücke« wie alte Kistchen aus Holz oder Metall, Töpfe oder Pfannen, Tassen oder Trinkgläser. Eigentlich können Sie jedes Gefäß, das Ihnen gefällt, nehmen. Es muss nur zu den Blumen und dem gewählten Arrangement passen. Beachten Sie aber immer auch praktische Aspekte: Gefäße aus Stein lassen sich oft nicht von der Stelle bewegen. Manche Gefäße, wie die aus Terrakotta oder Korbgeflecht, müssen Sie mithilfe von Plastikfolie oder eines Einsatzes gut abdichten, um Wasserschäden an Möbeln zu vermeiden.

GLAS ist ein wunderschönes Material für Vasen, weil man auch die Stiele der Pflanzen sehen kann. Da Glasvasen meist recht elegant wirken, sind sie für rustikale Arrangements häufig nicht so gut geeignet.

GROSSE METALLKÜBEL aus Messing, Kupfer, Bronze, Zinn, Aluminium oder Eisen eignen sich besonders gut für große, üppige Arrangements. Nimmt man weniger Blumen, wirken kleinere Silber- oder Kupfervasen sehr elegant.

TERRAKOTTA strahlt heimelige Wärme und Natürlichkeit aus. Für rustikale Arrangements ist dieses Material ideal. Mir gefällt Terrakotta besonders gut, wenn seine Oberfläche schon verwittert und ein bisschen bemoost ist.

KERAMIK zählt, wie Glas, zu den beliebtesten Materialien für Vasen. Unter den Töpferwaren gibt es zauberhafte Gefäße. Die bei niedrigen Temperaturen gebrannten Gefäße sind jedoch porös und müssen abgedichtet werden.

KÖRBE aus Weidenruten oder Peddigrohr passen wunderbar zu rustikalen Arrangements. Wollen Sie frische Blumen darin arrangieren muss man sie mit Plastikfolie auskleiden oder ein passendes Gefäß einsetzen.

GEFÄSSE AUSWÄHLEN

DIE HÖHE BEACHTEN

Blumenstängel besitzen häufig nicht die Länge, die man gerade für das gewünschte tiefe Gefäß oder ausladende Arrangement braucht. Als Lösung bietet sich hier eine Steckvase (*rechts*) an. Um Blumen hoch oben ins Arrangement zu bringen, kann man die Steckvase mit Blumendraht an einen langen, geraden Zweig oder einen Bambusstab binden. Bei tiefen Gefäßen hilft ein Einsatz – auf Steine gesetzt – (s. *unten*), um die Blumen auf die richtige Ebene zu heben. Ein anderes praktisches Hilfsmittel, um die Stiele zu verlängern, ist das Andrahten (s. S. *184–185*). Bei diesen Verlängerungsmethoden sieht es meistens schöner aus, wenn das Gefäß nicht durchsichtig ist. Häufig lassen sich aber auch Steckvasen oder Drähte mit Bändern oder Pflanzen wirkungsvoll kaschieren.

STECKVASEN können Sie direkt in die Steckmasse drücken oder an einen Stab binden und diesen einstecken. So lassen sich kurzstielige Pflanzen bequem in hohe Arrangements integrieren. Kaschieren Sie die Vasen mit Zweigen oder den sonst noch verwendeten Blumen.

DEN GEFÄSSBODEN »ANZUHEBEN«, ist mithilfe von Ziegelsteinen einfach. Legen Sie so viele Ziegelsteine in das tiefe Gefäß, dass die Oberkante des passenden Einsatzes mit dessen Rand fast abschließt. Hier ist der Einsatz eine hohe Glasvase, er kann auch niedriger sein.

PFLANZEN VORBEREITEN

Ganz gleich, ob Sie Ihre Blumen in einem Laden kaufen oder im eigenen Garten pflücken, für alle gilt: Blumen und Blätter müssen nicht nur richtig ausgewählt, sondern auch gut vorbereitet werden. Nur so halten die Pflanzen so lange, wie es möglich ist. Das

Vorbereiten nimmt zwar etwas Zeit in Anspruch, aber es lohnt sich, da man dadurch häufig die Haltbarkeit gewaltig verlängern kann. Worauf Sie bei den einzelnen Pflanzentypen achten müssen, ist auf den folgenden Seiten ausführlich beschrieben.

BLUMEN AUSWÄHLEN

Wenn man Pflanzen kauft, sollte man darauf achten, dass sie gesunde, einwandfreie Blätter tragen und ihre Knospen gerade beginnen aufzugehen. Noch fest verschlossene Knospen werden sich in der Vase kaum mehr öffnen. Schon weit geöffnete Blüten verwelken in kurzer Zeit. Diese Regeln gelten auch für Blumen aus dem Garten. Pflücken Sie die Pflanzen am besten am frühen Morgen oder gegen Abend, keinesfalls in der Mittagshitze.

Vollständig geöffnete Blüte

ZU FRÜH
Die Blüte zeigt noch nicht ihre Farbe. Die Kelchblätter liegen noch so fest um die Knospe, dass sie in der Vase ungeöffnet eintrocken wird. Entfernen Sie die Kelchblätter, um das zu verhindern.

GERADE RICHTIG
Die Blüte beginnt sich zu öffnen und zeigt ihre Farbe. Wenn Sie die Blüten in diesem Stadium verarbeiten, halten sie am längsten in einem Arrangement.

ZU SPÄT
Die Blüte ist vollständig aufgeblüht. man kann sie verwenden, wenn man nur einen einzigen Tag Freude dran haben will.

WIE MAN PFLANZEN VORBEREITET

BLÄTTER AN DEN STÄNGELN

Bei Blumen mit beblätterten Stängeln müssen Sie alle
Blätter, die später im Wasser stehen würden, entfernen.
Untergetauchtes Laub verrottet sehr schnell, was die
Lebensdauer des Arrangements erheblich verkürzt.
Als Faustregel gilt außerdem: Je kürzer der Stiel, desto
länger halten die Blüten in einer Vase.

1 SCHNEIDEN Sie von
langen Blumen-
stielen 5 cm schräg ab.
Bei kurzen Stängeln
schneiden Sie so viel wie
möglich ab. Dabei ist
natürlich entscheidend,
wie Sie das Arrange-
ment gestalten möchten

*Entfernen Sie alle
unteren Blätter*

2 ENTBLÄTTERN Sie
die Stiele so weit, dass
später kein Blatt mehr unter
Wasser steht. Entfernen Sie
lieber ein paar Blätter mehr, weil
verrottendes Laub, die Haltbarkeit des Arrangements erheblich
beeinträchtigt.

3 BENUTZEN SIE zum Säubern
der Stiele ein scharfes Messer
oder eine gute Schere. Schaben sie
von den unteren 5 cm der Stiele
die Haut ab. Harte Stiele kann man
mit dem Hammer leicht klopfen.
(Nie zerklopfen!) So nehmen die
Pflanzen besser Wasser auf.

VERHOLZTE STÄNGEL

Die Zweige von Blütensträuchern, z. B. Flieder oder Sommerjasmin, sind so stark verholzt, dass sie nur schwer Wasser aufnehmen. Um die Wasseraufnahme zu unterstützen, immer die unteren Blätter entfernen und die Stiele schräg anschneiden. Mit dem Hammer auf das Stielende klopfen und die Haut oberhalb der angeschlagenen Stelle abschaben. So vergrößert sich die Wasseraufnahmefläche.

HOHLE STIELE

Einige Blumen, z. B. Amaryllis, Rittersporn oder Calla, besitzen dicke hohle Stängel. Füllt man diese mit Wasser, halten sich diese Pflanzen in einem Arrangement länger. Man verschließt die Stielöffnung mit Watte und stellt die Stängel in Wasser, wo sie auf normalem Wege Wasser aufnehmen. Sie können die Öffnung aber auch einfach mit dem Daumen zuhalten und die Stiele sofort in eine mit Wasser gefüllte Vase stellen.

MILCHIGE FLÜSSIGKEIT

Bei Blumen, deren Stängel eine milchige Flüssigkeit abgeben, z. B. Mohn und alle Wolfsmilchgewächse, sollte man das Stielende mithilfe von Hitze versiegeln. Nachdem Sie die unteren Blätter entfernt haben, schneiden Sie den Stiel an. Dann halten Sie die unteren 2,5 cm des Stängels in eine Kerzenflamme, bis das Stielende anfängt zu brennen. Danach nicht mehr anschneiden!

1 HALTEN SIE den Stängel nach oben und füllen Sie kaltes Wasser in seine Öffnung. Den Stiel zuvor schräg anschneiden, um die Wasseraufnahmefläche zu vergrößern.

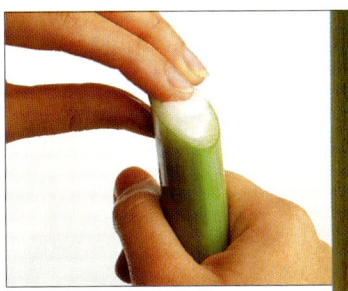

2 VERSCHLIESSEN SIE die Öffnung mit Watte. Stellen Sie die Blume in die Vase, wo sie dann ganz normal Wasser aufnimmt.

TULPENSTÄNGEL WIEDER GERADE RICHTEN

In der Vase biegen sich Tulpenstiele in alle Richtungen. Um sie wieder gerade zu richten, entfernen Sie einige der Blätter, Nun alle Stiele schräg anschneiden und vertikal einschlitzen. Auf diese Weise vergrößern Sie die Wasseraufnahmefähigkeit der Blumen. Dann führen Sie noch folgende Maßnahmen durch:

LUFT ABLASSEN
Wenn Tulpen eine Zeit lang ohne Wasser sind, staut sich Luft im Stängel. Dies verhindert die Wasseraufnahme und die Blumen welken vorzeitig. Die Luft entfernen, indem Sie vorsichtig mit einer sterilisierten feinen Nadel direkt unterhalb der Blüte den Stängel durchstechen.

1 DIE TULPEN MIT den frisch angeschnittenen Stielen einschlagen – in Floristen-Wachspapier, braunes Packpapier oder einige Lagen Zeitungspapier.

2 STELLEN SIE die Tulpen für mehrere Stunden aufrecht in kaltes Wasser. Um den Prozess des Aufrichtens zu unterstützen, geben Sie Frischhaltemittel in das Wasser.

HEISSWASSERBEHANDLUNG

Um die Lebensgeister der Blumen zu wecken, stellen Sie die vorbereiteten Pflanzen fünf Minuten lang in ein hohes Gefäss mit kochendheißem Wasser. Dann mit kaltem Wasser auffüllen und die Blumen noch stehen lassen, damit sie sich entfalten können.

STAUBBEUTEL

Der Pollen von vielen Lilien färbt sehr stark. Auch wenn diese Blumen mit ihren Staubbeuteln am schönsten aussehen, sollte man diese entfernen. Das ist besonders wichtig, wenn Kleidung oder Möbel mit den Pollen in Berührung kommen können. Fassen Sie einen Staubbeutel zwischen Daumen und Zeigefinger und ziehen Sie ihn mit einem Ruck heraus.

KALTWASSERBEHANDLUNG

Bevor man frisch gekaufte oder gepflückte Blumen arrangiert, sollte man sie für einige Stunden tief in kaltes Wasser stellen. So können sie sich erst einmal erholen und entfalten. Diese Maßnahme verlängert ihre Lebensdauer erheblich.

FRISCHHALTEMITTEL

Blumen, die ihre Köpfe hängen lassen, kann man auffrischen: Blüten und Laub in Papier einschlagen und die freien Stiele tief in warmes Wasser stellen. Dem Wasser Frischhaltemittel hinzufügen und die Blumen einige Stunden stehen lassen.

FRISCHE ERHALTEN

Vorbereitete Pflanzen in einen Eimer, der halb mit kaltem Wasser gefüllt ist, stellen. Die Blumen mindestens zwei Stunden darin stehen lassen, bevor Sie mit dem Arrangieren beginnen.

PFLANZEN KONSERVIEREN

PRÄPARIERTE BLUMEN und Blätter erinnern an die Farben alter Gobelins. Nutzen Sie den Charme der Trockenblumen für glanzvolle Arrangements oder trocknen Sie Kreationen aus frischen Blumen. Die Blumen halten sich zwar fast unbegrenzt, aber nach etwa drei Monaten verlieren ihre Farben durch das Tages- und Sonnenlicht an Intensität und Glanz. Außerdem stauben die Arrangements mit der Zeit ein. Von den drei Methoden für das Konservieren von Pflanzen ist das Trocknen die einfachste und meiner Meinung nach auch die erfolgreichste.

AN DER LUFT TROCKNEN

IN DER VASE STEHEND TROCKNEN

Viele Pflanzen trocknen in der Vase stehend einwandfrei. Nachdem man die Pflanzen vorbereitet hat (*s. S. 176–177*) stellt man sie in eine Vase, die 2,5 cm hoch mit Wasser gefüllt ist. Das Wasser lässt man einfach verdunsten. Für diese Art des Trocknens sind z. B. Schleierkraut, Mannstreu, Disteln, Strohblumen oder Gräser und Laubblätter geeignet. Rosen und Rittersporn kann man ebenfalls auf diese Weise trocknen. Auch wenn das Trocknen in der Vase nicht so optimal ist wie das hängend Trocknen, sind die Ergebnisse schön bis befriedigend, vor allem ist es einfach.

Pflanzen zum Trocknen   V = Vase H = hängend

Acanthus (Akanthus)	V/H		*Fagus* (Buche)	V/H
Achillea (Garbe)	V/H		*Gypsophila* (Schleierkraut)	V/H
Allium (Zwiebel)	V/H		*Lavandula* (Lavendel)	H
Astilbe (Astilbe)	H		*Moluccella* (Muschelblume)	H
Calendula (Ringelblume)	H		*Monarda* (Indianernessel)	H
Centaurea cyanus (Kornblume)	H		*Nigella* (Jungfer in Grün)	V/H
Consolida (Rittersporn)	V/H		*Paeonia* (Päonie)	H
Cortaderia (Pampasgras)	H		*Physalis* (Lampionblume)	V/H
Delphinium (Rittersporn)	H		*Rosa* (Rose)	H
Echinops (Kugeldistel)	V/H		*Salvia viridis* (Salbei)	H
Eryngium (Mannstreu)	V/H		*Solidago* (Goldrute)	V/H

HÄNGEND TROCKNEN

Dies ist eine effektive Art, um Blumen zu trocknen. Der Platz, an dem die Pflanzen hängen und langsam trocknen, muss kühl, trocken, luftig und dunkel sein. Blumen fürs Trocknen schneiden Sie idealerweise am Morgen eines trockenen Tages.

1 ENTFERNEN SIE weitgehend die Blätter von den Blumen. Da sie schnell verrotten können sie den Trockenprozess verhindern. Die Blüten der Blumen sollten geöffnet sein, die Stängel völlig trocken.

2 BINDEN SIE die Blumen zu kleinen Bündeln. Achten Sie darauf, dass keine Blätter unter die Bindeschnur geklemmt sind und die Blüten sich später beim Hängen möglichst nicht berühren. Hängen Sie die Bündel vertikal versetzt an Schnüren auf.

3 DIE HÄNGENDEN Blumenbündel dürfen sich nicht berühren und die Luft muss gut zwischen ihnen zirkulieren können. Der Trockenvorgang dauert eine bis drei Wochen.

ANDERE TECHNIKEN

MIT GLYZERIN KONSERVIEREN

Viele Blumen lassen sich mit Glyzerin haltbar machen. Doch das
beste Ergebnis erzielt man mit Laubblättern. Stellen oder legen Sie
vorbereitete Pflanzen (*s. S. 176–177*) in ein großes Gefäß, das eine
Lösung aus 40 Prozent Glyzerin und 60 Prozent heißem Wasser enthält. Da Pflanzen bei diesem Prozess Farbe verlieren, fügt man der
Lösung natürliche Farbstoffe hinzu. Sobald sich Glyzerintröpfchen
auf den Blüten oder Blättern zeigen, ist der Vorgang beendet.

Geeignet für Glyzerin

Acer (Ahorn)	*Hydrangea macrophylla* (Hortensie)
Choisya (Orangenblume)	*Liquidambar* (Amberbaum)
Fagus (Buche)	*Moluccella laevis* (Muschelblume)
Eucalyptus (Eukalyptus)	*Prunus sargentii* (Sargent-Kirsche)
Fatsia japonica (Fatsia)	*Quercus robur* (Stiel-Eiche)
Farne (verschiedene)	*Quercus ilex* (Stein-Eiche)
Gaultheria shallon (Salal)	*Selaginella kraussiana* (Mooskraut)
Hedera (Efeu)	*Senecio* 'Sunshine' (Greiskraut)

Stellen Sie die
Stiele in eine
Glyzerinlösung

MIT TROCKNUNGSMITTELN KONSERVIEREN

Es gibt mehrere Trocknungsmittel, mit denen man Blumen, die
nicht zu fleischige Blütenblätter oder Stiele haben, konservieren
kann. Sehr gut funktioniert Silika-Gel (Blau-Gel). Es muss aber mit
großer Vorsicht gehandhabt werden (Gesichtsmaske und Hand-
schuhe anziehen!). Auch Borax, Alaun oder feiner Sand ziehen
die Feuchtigkeit aus den Pflanzen, es dauert aber lange.

Geeignet für Trocknungsmittel

Alstroemeria (Inkalilie)	*Lilium* (Lilie)
Convallaria (Maiglöckchen)	*Narcissus* (Narzisse)
Dahlia (Dahlie)	*Paeonia* (Päonie)
Eustoma (Prärieenzian)	*Ranunculus* (Ranunkel)
Freesia (Freesie)	*Rosa* (Rose)
Gerbera (Gerbera)	*Tulipa* (Tulpe)
Gladiolus (Gladiole)	*Zinnia* (Zinnie)

SILIKA- ODER BLAU-GEL

Das Gel in feiner Körnung verwenden. Bei niedriger Temperatur im Backofen blau trocknen.
Etwas Gel in ein luftdicht ver-
schließbares Gefäß geben. Eine
Blüte hineinlegen und mit Gel
fast bedecken. Verschließen und
nach zwei Tage nachsehen. Über-
trocknete Blüten sind spröde.

PFLANZEN MIT BORAX UND ALAUN KONSERVIEREN

Drei Teile Borax (oder Alaun) mit zwei Teilen feinem Sand mischen. Die
Mischung muss trocken sein, darf aber nicht heiß sein, wenn man sie
einige Stunden im Backofen trocknet. Dann wie beim Silika-Gel (*rechts*)
verfahren. Nur: Die Blumen sind erst nach zehn Tagen trocken.

AUFFRISCHEN

Halten Sie die Blüten von zer-
drückten oder zerknitterten Trockenblumen über Wasser-
dampf, um sie aufzu-
frischen. Die Blüten-
blätter nehmen in
Minutenschnelle
die Feuchtigkeit
auf. Sobald
die Blütenblätter
beginnen sich zu
straffen, die Blüte vom
Dampf wegnehmen und
nach unten halten. Pusten Sie
leicht in die Blüte hinein, bis
sie wieder »wie neu« aussieht.

Schlaffe Blätter sind wieder straff

AUFBEWAHREN

Verschließbare Pappschachteln
mit stabilen Seitenwänden sind
ideal für das Aufbewahren von
Trockenblumen. Schichten
Sie die Trockenblumenbündel
locker in die Schachtel und
schützen Sie jeweils die Blüten
mit zerknülltem Küchen- oder
Seidenpapier. Darauf achten,
dass die Blumen keinerlei Druck
ausgesetzt werden, da sie leicht
brechen. Die Schachtel ver-
schlossen an einen trockenen,
kühlen Platz stellen.

GEZUCKERTE BLÜTEN

Essbare gezuckerte Blüten sind einfach herzustellen und bilden
eine herrliche Kuchendekoration, die drei Tage hält. Am besten
geeignet dafür sind die Blüten oder einzelne Blütenblätter von
Veilchen, Rosen oder Kapuzinerkresse. Da für die Zuckerblüten
rohes Eiweiß verwendet wird, dürfen Schwangere oder ältere
Menschen diese Leckerei auf keinen Fall essen!

*Die Blütenblätter zu einer natürlich ausse-
henden Blüte arrangieren*

1 EIWEISS in einer kleinen Schale leicht,
aber nicht schaumig schlagen. Mit einem
feinen Malpinsel die Blütenblätter auf beiden
Seiten mit Eiweiß bestreichen.

2 FEINEN ZUCKER durch ein Sieb auf jedes
Blütenblatt streuen. Die Blätter auf ein
mit Backpapier belegtes Blech legen. An einem
warmen, trockenen Platz trocknen lassen.

PFLANZEN ANDRAHTEN

Pflanzen mit einem Drahtstiel zu versehen, sie also anzudrahten oder zu drahten, vermeide ich, so weit es geht. Mir gefallen die natürlichen Stiele einfach besser. Aber es gibt dennoch eine ganze Reihe von Fällen, in denen diese Verlängerungsmethode sehr sinnvoll ist, z. B. wenn ein Stängel abgebrochen ist. Bei Hochzeits-Bouquets oder Girlanden kommt man ohne das Andrahten gar nicht aus. Der steife Drahtstängel ist auch nützlich, um hohle Stiele oder Pflanzenbüschel in ein Arrangement einzubinden.

FRISCHE BLUMEN ANDRAHTEN

Das Andrahten hat schon viele Vorteile: Man bekommt einen stabilen, formbaren Stiel, ohne das Gewicht des Arrangements nennenswert zu erhöhen, was z. B. bei den mitunter üppigen Brautsträußen sehr wichtig sein kann. Achten Sie darauf: Je feiner die Blüte, desto feiner der Draht (s. S. 172). Die Steckdrähte können Sie kaschieren und damit verschönern, indem Sie farbiges Floristenband (in Hellgrün, Sattgrün und Braun erhältlich) darum wickeln, um sie zu verschönern. Oft reicht es schon, wenn Sie den Steckdraht einfach von unten in den Stängel stecken. Mehr Halt verleiht aber ein feiner Rosendraht, den Sie um den angelegten Draht und den Blumenstiel winden. Diese Methode lässt sich auch bei Blumen mit zarten Stängeln anwenden.

1 SCHNEIDEN SIE den Stängel etwa 2,5 cm unterhalb der Blüte ab. Steckdraht so anlegen, dass er den unteren Teil Blüte berührt. Beginnend am Stängelende den Stängel und Draht bis zur Blüte hoch mit Rosendraht umwickeln.

2 BIEGEN SIE das Ende des Rosendrahts senkrecht nach unten und fixieren Sie es, indem Sie es mehrfach um den Steckdraht wickeln. Dann noch etwa 7,5 cm um den Steckdraht weiterwickeln und abschneiden.

3 ZUM KASCHIEREN die Blume kopfunter halten und das Floristenband unterhalb der Blüte anlegen. Winden Sie das Band eng anliegend um den Steckdraht, indem Sie ihn zwischen Daumen und Zeigefinger drehen.

4 WINDEN SIE das Band weiter um den Steckdraht, bis er vollständig bedeckt ist. Wickeln Sie das Band so fest um das Drahtende, dass es von selbst haftet. Anschließend das Band direkt am Draht abschneiden.

STÄNGEL STÜTZEN

Pflanzen mit weichen oder hohlen Stielen können Sie andrahten, indem Sie den Steckdraht in den Stängel hineinstecken. Passen Sie die Drahtstärke an die Stängelstärke an. Mit zu dickem Draht verletzen Sie den Stiel. Blumen mit einem sehr dicken hohlen Stängel, wie ihn z. B. die Amaryllis besitzt, sollte man aber besser so andrahten, wie links beschrieben.

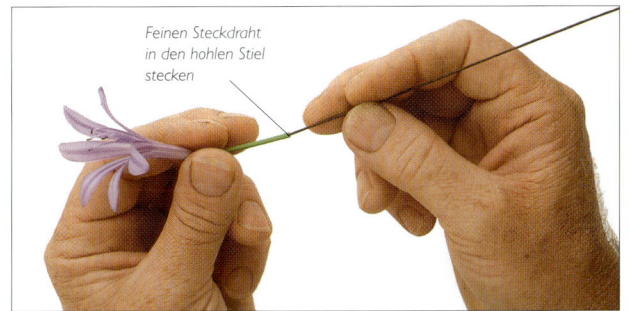

Feinen Steckdraht in den hohlen Stiel stecken

FEINE STÄNGEL
Schieben Sie den Steckdraht so weit wie möglich in den engen Stängel. Um den Stängel zu stützen, umwickeln Sie ihn von oben – unterhalb der Blüte beginnend – bis zum Drahtende mit feinem Rosendraht.

BÜSCHEL ANDRAHTEN

FRISCHE PFLANZEN

Wenn man Girlanden, Kränze oder Brautsträuße gestaltet, verwendet man frische Pflanzen in der Regel büschelweise. Fassen Sie die gekürzten Pflanzen in kleine Bündel zusammen und versehen Sie diese mit einem Stiel aus Steckdraht. Auf diese Weise lassen sich kleinblütige Blumen und große Blüten oder Blätter guts gemeinsam in ein Arrangement integrieren.

1 ENTFERNEN Sie weitgehend die unteren Blätter. Legen Sie den Steckdraht mit einem kurzen und einem langen Ende um die Stiele, und zwar unterhalb der letzten Blüten. Biegen Sie das kurze Ende senkrecht nach unten.

2 WICKELN SIE das lange Ende des Drahtes eng anliegend um die Bumenstiele und um das kurze senkrecht nach unten stehende Drahtende. Weiter bis zu den Stängelenden wickeln.

TROCKENBLUMEN

Trockenblumen werden fast genauso wie die frischen Blumen angedrahtet (*s. oben*). Das Andrahten lohnt sich vor allem bei großen Arrangements, in denen die Pflanzen besser büschelweise eingeordnet werden. Man kann in den Büscheln eine Blumenart oder unterschiedliche Arten zusammenfassen.

1 WÄHLEN SIE die Blumen aus, die Sie als Büschel zusammenfassen wollen. Frischen Sie die Pflanzen vor dem Verarbeiten noch einmal mit Wasserdampf auf.

2 VERWENDEN Sie einen Steckdraht, der stark genug ist, um das gesamte Pflanzenbündel zu stützen. Legen Sie den Draht so um die Stiele, dass ein kurzes und ein langes Ende entsteht. Dieses lange Drahtende senkrecht nach unten zu den Stielen biegen.

3 DRÜCKEN SIE das lange Ende des Steckdrahtes fest gegen die Stiele. Nun wickeln Sie das kurze Ende abwärts in gleichmäßigen, verhältnismäßig engen Windungen um den langen Draht und die Stiele. Fixieren Sie den kurzen Draht, indem Sie ihn zwei- oder dreimal fest um den langen winden.

ZAPFEN UND FRÜCHTE ANDRAHTEN

Zapfen und Früchte müssen auf eine andere Weise angedrahtet werden als frische Pflanzen oder Trockenblumen. Bei Früchten steckt man einen Steckdraht mitten durch die ganze Frucht, z. B. beim Apfel vom Stielansatz bis zum Blütenansatz. Das auf der anderen Seite erscheinende obere Drahtende biegt man zu einem U-Haken und zieht diesen von unten her in das Fruchtfleisch zurück. Diese Methode funktioniert gut bei kleinen Zitrusfrüchten, Äpfeln und Holzäpfeln.

Esskastanie

Tannenzapfen

Apfel

1 **WÄHLEN SIE** einen Steckdraht aus, der das Gewicht des Zapfens gut tragen kann. Den Draht zwischen die Schuppen des ersten gespreizten Schuppenkranzes legen. Der Draht sollte seitlich mindestens 5 cm herausragen.

2 **ÜBERKREUZEN SIE** die Drahtschenkel. Die Schenkel auseinander drücken und nach hinten biegen, sodass der Kreuzungspunkt unter den Schuppen liegt und sie sich auf der anderen Zapfenseite gegenüberstehen.

3 **VERDRILLEN SIE** die Drahtschenkel gut. Das lange Drahtende so zwischen die Schuppen schieben und biegen, dass es wirkt, als ob der Draht der Zapfenstiel wäre. Das noch sichtbare kurze Drahtende abschneiden.

U-NADELN AUS DRAHT

U-förmig gebogene kurze Steckdrahtstücke (U-Nadeln oder »Haarnadeln«) leisten gute Dienste, wenn man Moos auf einer Steckmasse oder auf Kaninchendraht befestigen will. Damit kann man auch Pflanzenteile an allen möglichen Stellen anbringen, sei es auf der bemoosten Basis eines Arrangements, auf einem Kranz oder einer Girlande. Diese Nadeln erleichtern die Arrangierarbeit sehr.

Moos auf Steckmasse festgesteckt

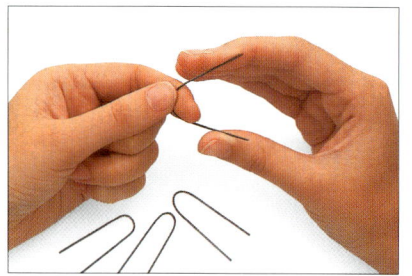

1 **FORMEN SIE** aus Steckdraht U-Nadeln, die lang genug sind, um damit später Pflanzen an eine Unterlage zu stecken. Bei schweren Arrangements muss man mithilfe der Nadeln für sichere Verankerung sorgen.

2 **LEGEN SIE** das Moos oder anderes Polstermaterial auf die Unterlage und stecken Sie es mit den U-Nadeln fest. Stiele mit zwei über Kreuz gesteckten Nadeln befestigen.

FORMEN MIT DRAHT

Selbst von Natur aus kerzengeraden
Stielen können Sie mit Draht eleganten
Schwung verleihen. Schieben Sie dazu
einfach einen feinen oder mittelstarken
Steckdraht in das Innere des Stängels. So
können Sie z. B. Blumen zur Seite neigen,
damit man sie besser sieht oder um dem
Arrangement einen ausgewogenen Umriss
zu geben. Geeignet dafür sind schlanke
Stängeln, die weich oder hohl sind.

ANKLEBEN

Eine Klebepistole erweist sich als nützlich,
wenn man getrocknete oder frische
Blumen ankleben möchte, z. B. auf einen
Topf oder einen Zweig. Es gibt zwei
Klebepistolentypen: Bei dem einen wird
der Kleber kochendheiß, bei dem anderen
nur warm. Der Heißkleber haftet besser,
jedoch muss man das Gerät vorsichtig
handhaben, da man sich leicht verbrennen
kann. Gebrauchsanweisung beachten!

GEBRAUCH DER KLEBEPISTOLE
Den Kleber heiß werden lassen. Ein Tröpfchen
des Klebers auf die gewünschte Klebestelle der
Unterlage und der Pflanze geben. Zusammenfügen und eine Minute andrücken.

HOHLE STÄNGEL
Schiebt man einen Steck-
draht in den Stängel von
Blumen, die einen
hohlen Stängel haben,
kann man diesen ganz
leicht biegen. So ist es
möglich, Blumenstielen,
z. B. von Löwenmaul
oder Sommer-Ritter-
sporn, eine sehr natür-
lich wirkende Bogen-
form zu geben.

*Ein gedrahteter
hohler Stängel
lässt sich ohne
weiteres biegen*

STÄNGEL REPARIEREN
Abgebrochene Stängel
lassen sich leicht wieder
zusammenfügen, wenn
man sie an der Bruch-
stelle mit einem kurzen
Stück eines festen
Drahtes verbindet. Die
Bruchstelle muss dann
aber im Wasser stehen,
damit auch der obere
Teil der Blume Wasser
aufnehmen kann.

*Das Drahtstück
verbindet die
Stängelteile*

*Mit der Klebepistole
lassen sich Pflanzen
problemlos ankleben*

REGISTER

DANK

DANK DES AUTORS

Ich danke folgenden Leuten für ihre Hilfe bei der Entstehung dieses Buches *Blumen*: dem Fotografen Stephen Hayward und seinem Assistenten Paul Lund für ihre fantastischen Bilder, unendliche Geduld. Und dafür, dass sie sich nie durch den blumenbedeckten Studioboden entmutigen ließen. Auch dem Dorfladen von Dunsfold für den Doughnuts-Nachschub.

Dem Team von Dorling Kindersley, mit dem wunderbar zu arbeiten war: den Redakteurinnen Lesley Malkin (schwanger mit Finlay) und Irene Lyford und der Bildredakteurin Wendy Bartlet.

Dennis Edwards, Lee Ward und David Donovan bei John Austin; David Hancock, Ian Potter und Tony Flavin bei Baker and Duguid; und David Bacon bei A & F Bacon – alle am New Covent Garden Market, London, die mir bei der Auswahl des Pflanzenmaterials für dieses Buch halfen. Auch Terracottas of New Covent Garden für viele Töpfe; Stephen Camburn of Gaudiamus, New Kings Road, London,
für einige Terrakotta-Gefäße; Babylon Design, Fulham Road, London; HRW Antiques,
26 Sulivan Road, London, für die Leihgabe des Tisches auf S. 218–219; Whiteway & Waldron Ltd, 305 Munster Road, London, für die Leihgabe der Kirchenbank auf S. 230–231.

Ein besonderer Dank gilt Dr C. Andrew Henley, der nach Australien reiste, um dort Pflanzen für uns zu fotografieren; und den folgenden Leuten, die ihn halfen: Albert's Garden, Pialligo, ACT; Marcus Harvey, Hillview Rare Plants, Hobart, Tas; Dean Havelberg, Hillview, Exeter, NSW; Marcia Voce, Birchfield Herbs, Bungendore, NSW; Dirk Wallace, Wodonga, Vic.

Last but not least möchte ich Rodney Engen für seine Hilfe und großartige Inspiration danken.

DANK DES VERLAGES

Dorling Kindersley möchte Sue Barraclough, Joanna Chisholm, Jane Cooke, Candida Frith-MacDonald, Jenny Jones, Jane Laing, Kathryn Lane, Frank Ritter und Susannah Steel für ihre unschätzbare redaktionelle Hilfe danken; Fiona Wild und Henrietta Llewellyn-Davis für genaues Korrekturlesen; und Michelle Clark für die Erstellung des Registers. Alison Lotinga, Alison Shackleton und Ann Thompson für Grafik-Assistenz; Wesley Richards für Grafik-Assistenz und die Zeichnung der Blumensymbole. Amanda Russell für mühevolle Bildrecherchen. Mark Bracey und Robert Campbell für die Unterstützung durch DTP.

AUFTRAGSFOTOGRAFIEN

Alle Fotografien sind von Stephen Hayward außer:
Andreas Einsiedel 172–173, 182–183, 184–185, 186–187; Dr C. Andrew Henley; Dave King 172–173, 178–179, 182–183, 184–185, 186–187; Diana Miller 182–183, 186–187; Matthew Ward 174–175, 180–181.